「学《まな》び家《か》」で行こう

——学習習慣、その幻想から抜け出す——

日能研代表
高木幹夫

みくに出版

本書は、以下の環境対応紙を使用しています。
カバー：ミセスB-F一森林認証紙
帯　　：ミセスB-F一森林認証紙
表紙　：ブンペル一森林認証紙
見返し：里紙一古紙再生紙+非木材紙(竹パルプ)
本　文：グラディアCoC一森林認証紙

RICE INK

バイオマス
登録No. 080041

PLATE to PLATE
アルミリサイクルシステム
P12H0101301A
この印刷物は、リサイクル印刷版を使って印刷しています。

この印刷物は森林認証紙と、地産地消・輸送マイレージに配慮したライスインキを使用し、印刷版はクローズドループ・リサイクルによるアルミ材を使用しています。
この印刷物1冊あたりの原材料・生産工程におけるCO_2排出量は407g－CO_2です。

はじめに――「学び」の現場で起きていること

子ども達が〝とびっきり〟の目の輝きを見せてくれる瞬間に、いろいろなところで立ち会う機会があります。

「わーっ！　楽しそう」

草木が生い茂る〝道なき道〟を進んで行く「藪漕《やぶこ》ぎ」や、川の中を滝に向かって登っていく「シャワー・クライミング」は、夏休みのキャンプで実施するプログラムのひとつ。その現場で子どもが見せる表情と歓声が、まさに〝それ〟です。もちろん個人差はありますが、子ども達はそれぞれの感覚で嬉々として冒険に挑みます。

「そんなにスピードを上げないで！」

と、ときには注意が必要なくらいのエネルギーで、藪の中、川の中を前進する子ども――。今や死語かもしれませんが、「野性児」という言葉が思い浮かび、仲間と助け合いながら進んでいく子ども達が、みょうに大人っぽく見える瞬間でもあります。

こうした体験、今まで出会ったことのないような〝困難〟を自分の力で乗り越えた経験は、その後の中学受験だけでなく、人生という長いチャレンジを支えてくれる原動力になります。安易に「正解」を与えられ、無難に、困らずに大きくなってきた子たちと比べると、ピンチを切り抜けていく力がまるで違ってきます。

同じプログラムは私たち日能研の新入社員諸君の内定者研修などでも実施していますが、

「道のないところを行くの、大変そうだ」

「川の中を歩く？　つめたそう！」

というような反応。実際に藪に入ったときに周囲を見渡せるか否かなど、身長差を考えれば圧倒的に有利なはずの大人たちが、子どもに比べ明らかに〝腰が引けている〟のです。想像力が働くのは困りそうなことや問題点ばかり。楽しそうな方向には想像が及ばないのです。

未知のものに挑戦するエネルギーや意欲は、好奇心の〝塊〟のような子ども達のほうがはるかに高いのでしょう。周知のものが増えれば増えるほど、大人はいろいろな意味で慎重（＝憶病？）になってしまうのですね。

今まででいちばん驚いたのは、登山のサークルに入っていたという大学生の、こんな感想でした。

「信じられません。山は道のあるところを歩くものだと……。自分のやってきた登山という概念がガラガラ崩れるようです」

登山のサークルで活動した経験があれば、この程度のプログラムは〝朝飯前〟だと思っていたのですが、実に意外な反応。きっと冒険の種類が違っていたということなのでしょう。「『信じられない』を『面白そう！』に変えていこうよ」と話した記憶が残っています。

今から16年後、２０３０年――。現在、小学1年生の子ども達が大学を卒業する頃、米国では、およそ3人のうち2人の子どもが「今はまだ存在していない職業」につくという予測があるそうです。

時代の変化は、今後ますます加速を続けていきます。その頃には、「道のあるところを歩む」ことが今よりも難しくなるばかりか、ずっと続いている〝道〟という概念そのものがなくなっている可能性が高いことを、その予測は示しているのです。

今の日本ではこのような事態を想定し、子ども達が必要な力を獲得できるような教育が行われているのかどうか。大いに疑問を抱かざるを得ません。

では、「決められた道」以外を歩むために、さらに「新たな道」をいくつでも切り拓いていくために必要なこととは、いったい何なのでしょうか。

ますます先行き不透明な中、子ども達がそれぞれの未来に真正面から立ち向かっていくために、今回、私がお伝えしたいことは、主に次の2つです。

「学《まな》び家《か》」と「教わり家」――それぞれの考え方と行動パターンについて、そして「学習習慣」という〝聞こえのいい〟フレーズの危うさについて、です。

中でも今、私が最も危惧しているのは、世間を跋扈《ばっこ》する「学習習慣」という妖怪の存在です。まさに〝道なき道〟を歩んでいく子ども達が身につける対象として、たとえば「漢字を50回書く」というアプローチは本当に正しいのか否か——。真剣に考えるべきときだと思うのです。

「学習習慣」という考え方、言葉は、子ども達にどんなインパクトを与えるものなのか。国内外で見聞きしてきた「学び」の現場の実情をおりまぜながら、ご一緒に考えていければと願っています。

2014年9月

高木幹夫

目次

第2章　不安定という自由を子ども達に手渡そう　51

構成／赤羽博之（耕文舎）
イラスト／曽根原功
カバーデザイン／グラフィクスアンドデザイニング
本文DTP／サン・ブレーン

第1章

教わり家から学《まな》び家《か》へ

1 「学《まな》び家《か》」ってどんな人？

三浦雄一郎さんをご存じでしょうか。2013年5月、80歳でエベレスト登頂を成し遂げられた冒険家、登山家です。

出発直前に持病の悪化から心臓の緊急手術を受けられるなど十分とはいえない体調を押しての挑戦だっただけに、「登頂成功」のニュースに喝采を送ると同時に、安堵された方も多かったことと思います。

さて、私立中学進学塾の代表者である私の本が、冒頭から三浦雄一郎さんの話題。不思議に思われる方もいらっしゃるでしょう。

実は注目してほしいのは冒険家、登山家の「家」のところ。この「家（か）」という言葉の響きの中にはさまざまなニュアンスが含まれます。三浦雄一郎さんのように終わりなき探求の道を歩む人が、自らを厳しく律し続ける覚悟が映し出されている、と尊敬の思いで受け止める人もいるでしょう。そして、自ら宣言している人もいて、ずいぶんと幅があるようです。

芸術家、研究家、彫刻家……。「～家」を名乗る人たちに共通することのひとつは、その根っこの部分に「挑戦し続ける」「一生懸命」「ポジティブ」などの姿勢を持っていることです。結果、そのことに対する尊敬の気持ちが大なり小なり集まってくるのだと思います。

では、芸術家、研究家、彫刻家のような「～家」のつく職業につくために必要なものとは、何でしょうか。

たとえば、医師になる、看護師になる。あるいは弁護士、会計士、学校の先生になる……。それぞれ、医師免許、教員免許などの「資格」が必要ですね。

一方、その道の専門家になる、あるいは三浦雄一郎さんのような冒険家、登山家になりたい！　と考える。このときに必要なものは、いったい何でしょう。

医師や看護師、教員になるのとは違って「免許」や「資格」は不要。

「私は○○○家です！」

と、宣言さえすれば、誰でもなれるのが「〇〇〇家」なのです。

もちろん、「なる」と宣言しても、すぐに世間に認められるわけではありません。一流と認められ、生計を立てられるようになるには、相当な時間が必要です。

中には、たとえば著名な芸術家・ゴッホのように、生きている時代には評価されず、むしろマイナスの評価を受けていた「〜家」が少なくないことは、皆さんも伝記などを通じてご存じでしょう。

では、彼らはなぜ歴史に〝名を残す〟ことができたのでしょう。それは、決してあきらめなかったから。人々の尊敬を集めるような「〜家」として認められるためには、「続ける」ことがとても大切なのです。

いつでも誰でも始められる「〇〇〇家」です。子ども達にも、どんどん名乗りを上げてほしいと思っています。

この「〇〇〇家」という名称を、子ども達の「学び方」に当てはめて考えることにしましょう。

次の【A】【B】の行動パターンを読み比べてみてください。

【A】
「知らないよ」「習ってないよ」「できないよ」が口癖。自ら学ぶのではなく、人に教えてもらうことで安心する。「答えがあるんでしょ、それを教えて！」と、答えを持っている人を探したがる。

【B】
未知のこと、答えのないものへの挑戦が大好き。自ら学び、答えは自分で探していく。こうした探求を粘り強く続けていける。

【A】のような傾向が強く見られれば、それは「教わり家」。【B】により近ければ「学び家」と、この本の中では区別していきます。それぞれの将来の可能性については、またあとで詳しくお話ししていきましょう。

こんな例があります。

小学校5年生のT君は「紙飛行機作り」が大好き。近所の公園に、ゴムを使って飛ばす本格的な紙飛行機を作っているおじさんがいて、ある日、T君に一機プレゼントしてくれたのです。それからというもの、その飛行機を見本にしながら、素材や折り方、翼の角度や形、重心の調整、飛ばし方など自分でどんどん工夫して作るようになったそうです。

おじさんに折り方や飛ばし方を教えてもらうこともできたはずなのですが、自分でいろいろと工夫して作っては飛ばし、また考えて作る……。

折り方を教わるだけだったら、きっとすぐにあきてしまったことでしょう。マニュアルも設計図もない、ピッタリと同じものは二度と作れないかもしれない、「誰かが決めた正解」のない世界だからこそ、ここまで夢中になれるのです。こうしたT君の姿勢は、まさに「学び家」なのだと私は思います。

これからの世の中、起きること、何かをすることの大半が「未知」。未知に対しては過去の事例のほとんどは役に立たない。私たちが、自分自身でそこまで世の中を変化させなければ持続可能な未来はこないのです。過去に照らして答えを探す、あるいは答えを持っている人を探す「教わり家」では、この先、時間がたて

2
or
3
or
1

ばたつほど活躍できる場所はどんどん少なくなってしまいますし、そんな変化をしなければ、世の中は持続不可能になってしまうでしょう。

一方、他者とのコミュニケーションに前向きで、人生に対してポジティブ。受け身ではなく「自ら学ぶ」。過去の尺度を乗り越え、未来への準備をする——。これらが「学び家」の姿勢。不確実な世界、未来を生き抜くために必要なことです。

この本では「学び家」と「教わり家」を、子ども達の置かれた状況（世界は、環境は、本当に混沌としているのです）と、変わらなければならない未来を考える〝切り口〟として取り上げていきます。「未知」と出会ったときに「なんとかしよう」と工夫する、あるいは「わからない」こと自体を楽しめる、そんな「学び家」の学び方を取り上げながら、将来にわたって使える「持続可能学力」へと進化させる方法を考えていきましょう。

学び家ってどんな人？

学び家	教わり家
●探求する	●過去に照らして答えをつくる
●自ら学ぶ	●教えてもらう（受け身）
●たくさんの正解を見出す	●一つの正解を求める
●すべてのことを情報とする	●正解探しをする
●好奇心と探求心を大切にする	●効率性と再現性を求める
●仲間と共に	
●他者との協働をもとにする	●他者との競争を前提にする
	●競争したら勝ちたい
●未知と出会ったときに工夫する	●未知と出会ったときに想定外と感じてパニックになる
●「わからない」を楽しむ	●「わからない」が苦手
●あらゆることにポジティブ	
●突飛なこともやってみる	
●失敗をおそれない	●失敗しそうなことはやらない
●ふり返って学ぶ	●教わったことが理解できてから次を教わろうとする（積み上げ式）
●挑戦し続ける	

2 「学び家」だからといって、すべて自分でやる必要はない

未知のこと、答えのないものへの挑戦が大好き。自ら学び、答えは自分から探していく――。前項では「学び家」としての姿勢、そして学び方について触れました。

ところが、この「学び家」と「教わり家」の境界線は、見ているだけではとても〝微妙〟。たとえば、先生のところに「これがわからないんですけど？」と質問に行く子は、「学び家」「教わり家」どちらなのでしょう。

「わからない、教えて！」と先生の力を借りるのならば、「教わり家」なんだと見ることもできそうです。その一方で積極的に質問し、先生の力を自分が使う、自分からまわりとつながろうとする態度、姿勢と考えれば、自ら探究する「学び家」ということもできるでしょう。この境界線モンダイを考えるカギは、「〝自分でや

る〟ということのとらえ方・価値観」です。

私たち日本人が使う「自分でやる」という言葉の響き、考え方には「他人の手助けなしですべて一人でやらないと、自分でやったことにならない」というある種の〝潔癖症〟的なニュアンスが含まれているようです。「学び家」と「教わり家」の境界線を考えるためには、最初にこのいつの間にか刷り込まれた〝自分一人でやる〟という発想を〝手放す〟ことをオススメします。

たとえば、先ほど登場したエベレストもそうですが、この種の話題でよく耳にするフレーズに「単独登頂」がありますね。「単独」という言葉からは「一人で」というニュアンスが伝わってきますが、実際のところはどうなのでしょう。結論からいえば、皆さんもご承知のとおり「単独イコール最初から最後まで一人」ではありません。

まずは山の中腹にベースキャンプを設営。日本はもちろん世界からの仲間に加え、多くの現地人スタッフが食料を運び込んだり装備を整えたりと、いわば前線基地を形づくります。ちなみに、現地人スタッフが「シェルパ」と呼ばれていることはご存じでしょう。私たちは一人ひとりの名前を聞くことはありません。しかし、彼らの存在なしに高峰への挑戦はできないのです。

ベースキャンプから、徐々に人数や装備を絞り込みながら第一キャンプ、第二キャンプと前進を続け、いよいよ最終キャンプから頂上アタック隊が出発します。そこまでの一人ひとりがサポート役となり、最後の難関には一人でチャレンジする——という流れであることは、テレビの特集番組などでもおなじみでしょう。テレビのクルーグループはいるけれど、登頂は単独です。

そもそも「単独登頂」には明確な定義はないようですし、エベレストなどの高い山の場合、渡航を含め国内外の多くの人の協力がもちろん不可欠です。そこまでさかのぼれば一人でないことは自明の事実、とまで言うと当たり前すぎますが、それは世の中の仕組みと同じ、顔の見えないたくさんの人の力で成り立っているのです。

「学び家」の場合も同様です。「主体性＝一人」だと思いそれを重んじるあまり「他人の手を借りてはいけない」という〝呪縛〟を感じているならば、そこからは早く解放されましょう。

「答えを出すのは〝私〟。でも自分一人では解決できないから、ここを、ここだけは手伝ってほしい」という態度は、立派な「学び家」だと私は思います。大切なのは「自分が答えを出す」という思い、覚悟。あとは、状況に応じて協力者を求めていいと思うのです。

先生の力を使うだけでなく、仲間と一緒にワイワイガヤガヤ、「ああでもない、こうでもない」と話をするのも素敵ですね。それはとても大きな刺激になり、ときにはアイデアやヒントをもらう。考え方をもらう。あとになって気がつけば、自分がたどりつくかもしれない「答え」さえも、その場に出ているかもしれません。

さまざまなそれらしい「答え」が出てきたとしても、すべての事柄をいったん情報として受け取る。それを使うか使わないか、一つひとつの価値を自分が決める。最後に「答え」という名前をつけるのは、あくまでも自分。その思いを持ち続けていれば、「学び家」なのです。

そこに「答え」がありそうという場所、あるいは人を見つけたから答えをもらいに行く、受け取りに行くだけならば、その子は「教わり家」。過去はいざ知らず、これからの世の中では、すでにある「答え」との付き合い方が上手なだけでは、活躍の場も限られ苦戦を強いられてしまうでしょう。

一方、「これが答えです」と誰かが発表しても、それを答えとしてそのまま受け取らず、情報として受け取って自分で吟味する。「なるほど、こういう状況、条件なのか。ならば今はこれを答えにしよう」と、自分で決める。元の情報そのものは自分の中で生み出したわけではないけれども、このように判断できる子は「学び家」だと私は思います。

「教わり家」が「学び家」になるためには、今までの価値観の中では〝図々しさ〟や、ある種の〝図太さ〟とされていたものも必要。この例のように「私が決めた（判断した）こと、イコール私がやったこと」という発想を持てるかどうか、ここがポイントのひとつです。

英語で作曲家は「コンポーザー（composer）」といいます。もともと「組み合わせる」という意味。キリスト教圏では神様がつくった「音」を組み合わせるという発想をするのですね。つくる人のことは「クリエイター（creator）」といいますが、「The」をつけるとそれは「神様（創造主）」を指すことになってしまいます。

一方、日本では「つくる」といった場合「ゼロから創らなければ、その人が創ったことにならない」という発想をします。差別化や差違化、排他的なオリジナリティという感覚、このあたり「つくる」という概念そのものに違いがあるのですね。

3 大切なのは「私が意見を持つ」こと

「つくる」という言葉のニュアンスは英語圏と日本では微妙に異なります。日本には「尻馬に乗る」という言葉があるように、安易に人と同じことをするのを嫌う風潮が根強くあるようです。

ところが、小学生の子ども達を見ていてわかるのですが、他人のマネをしたり同じ内容の発言をしたりすることを、それほど否定的にとらえてはいません。大人の目から見れば気になることなのですが、むしろ、積極的にやっています。

ほんの少し前に○○ちゃんが言っていたことと〝同じこと〟を、違う子が誇らしげに話している――という場面には、それこそ何度も立ち会っています。聞いている大人は「もうすでに出ている意見だよ。マネしたと思われるよ」ととらえがちですが、子ども達はそのことを「ダメ」とか「嫌《いや》」とは感じていません。それでＯＫなのですね。

子ども達は、先に同じことを言っていた○○ちゃんの話は、自分ではない他の人が言っていたこととして聞こえているだけなのです。その後、あらためて自分の中で「これだ！」と思うことが出てきて話してみたら、結果的に同じ内容だった――というわけです。


その後、中学、高校と学年が進むと、だいぶ様相が違ってきます。自分の中に「これだ！」と思うことが出てきても、「さっき、あいつが言ってたな」と気づくと、そのことを発言しないばかりか、自分が「そう思った」ということ自体を〝消去〟してしまうケースが増えるのです。なんともったいないこと。

「俺ってつまらない奴だよな。人と同じことしか思い浮かばない」と。決して、そうではありません！　自分が思い至ったのです。ただ「思いついたことが、たまたま同じだった」ということなのです。そして、その結果を正解と判断する人がいるから余計にそう思ってしまうのでしょう。

ここで私がなぜ「そうではない！」と強調するのか。あまり機会は多くありませんが、米国の友人との付き合いから学べたことがきっかけです。

彼らとのやり取りを思い起こすと、「この人たちは、なんてハッピーなんだろう！」と感じることがときどきあります。たとえば日本の中学生、高校生が「あいつが言ってたことと同じだ」と思って自分の中から〝消去〟しようとするようなことを会話や討議の中で誇らしげに言っても〝平気〟なのです。その人も、まわりの人も、社会的に認められている「大人たちが」です！

彼らの考え方を整理すると、「私が〜」という部分がしっかりあれば、結果として「同じ」でもOKということらしいのですね。視点を変えてみれば、多様化のひとつの形ということになるようです。

その昔、友人たちとレストランに入ったときのことです。当時、一般的に米国人からは「日本人はすぐにモノマネをする」と見られている気がして、間違っても「同じものを」というオーダーはできないと力んでいました。不慣れな英語のメニューと悪戦苦闘の末、他のメンバーとダブらないように自分の好みで「これ」と意を決したら、同じメニューを頼んだ人がいたので慌てて選び直しました。「人と違うものを頼まなければ自分のオリジナリティを認めてもらえない」と考えていた頃のことです。

実際には、テーブルにすべての料理が運ばれてきたとき、誰かと同じものがあったとしても、彼らは「ＯＫ！」。私が慣れないメニューと格闘した苦労はなんだったのでしょうか。

彼らが嫌うのは、すぐに「私も同じものを」とか「同じでいいや」というオーダーをする日本人。「私はこれを食べたい」というものを頼んで、たまたま同じものになったのなら、「今日はあなたと気が合いますね！」で一件落着だ――というのです。


私たち日本人はどちらかといえば「付和雷同」「長いものには巻かれろ」という国民性かと思えば、たとえば街中で「同じ服」を着ている人とすれ違うと、オリジナリティを奪われたようでガッカリする。このあたりのメンタリティー、感覚が「ハッピーに〝学び家〟になる」ことを阻害しているように思うのです。私たちの多くは、なぜか「同じで、うれしいね！」と「同じだといやだ」の間で揺れているのですね。

他人が発した意見に〝素直に〟同調することに、なんとなく微妙な抵抗感を抱いてしまいがちなのです。

個人的には、街中で同じ靴を履いている人に出会うと「わ！　同じですね。これいいですよね〜」と、話しかけたくなってしまいますが……。

学びの姿勢にレストランでのメニュー選び、服選び……。共通していえるのは「私はどうしたいのか」「私が意見を持つこと」の重要性。考え方や意見が人と違うか同じかは関係がない——ということ。

たとえば洋服を選ぶのでも「みんなが着ているから」とか「浮かないために、こういう服にしておけば無難」という発想になってしまっているとしたら、それは「教わり家」の発想。

反対に「自分はこれがいい」と決めたものを着る。その結果、同じものを着ている人と出会ったときに「うれしい！」と思えるようなら、「学び家」の素質十分といえるでしょう。

4 小学生のうちに「しっかり困る」経験をする

今に始まったことではないのですが、書店に行くと同じ傾向のタイトルが〝やたらと〟目につきませんか？　中でもここ数年、幅を利かせているのが『××力』というもの。２０１２年に最も読まれた本のひとつ、阿川佐和子さんの『聞く力』やその少し前に刊行された、姜尚中さんの『悩む力』、池上彰さんの『伝える力』はベストセラーとして広く知られています。

そして今、皆さんに手に取っていただいているこの本ですが、あえて『××力』というタイトルをつけるとするならば、ズバリ！　『困る力』。さらに宣伝文句を加えるとすると、「小学生のうちにしっかり〝困る力〟を身につけよう！」という言葉が浮かんできます。

子どもが「困ることがない」ようにと、親がアレコレ先手を打つことが当たり前な世の中ですね。しかし、さまざまな〝問題〟に直面したときに「しっかり困る」ことは、とても大切だと私は思います。「困る」は、考えることができる大きなチャンスですから。このプロセスを避けて、とにかく「安全運転」「無事通過」ばかり考えていては、それこそ生きる力が不十分なまま大学を卒業して、大切なお子さんを社会へ送り出すことになりかねません。

いったん「しっかり困る力」を身につければ、その後は必要な場面、場面でより良く〝困れる〟ようになります。でも一度「しっかり困る」べき状況を回避させてしまうと、その後もずるずると必要なところで〝困れない〟を続けてしまうことになりがちなのです。

しっかり困れるのが「学び家」の素地、困らないで過ごすのが「教わり家」の素地。「しっかり困る」経験と力の有無が、大きな分かれ目のひとつになると私は思います。

ちなみに、皆さんにとってはかなり上の世代、私や私の世代のちょっと上の方たちの話になりますが、かつて学生運動にかかわった人たちは、実は「しっかり困る」を経験しているのです。「今のままではダメだ。しかし答えはない」と、出口の見えない中で動き始めてしまい、もう後戻りもできない――。ほとほと「困り続ける」日々を過ごしたわけですね。

では、子ども達がその「しっかり困る」という〃一線〃を超える経験をするとしたら、いつが良いのでしょうか。私立中学進学塾を仕事にしている私としては、ぜひ小学生のときに経験してほしい、超えてほしいと思って（願って）います。これには受験のシステムもかかわってくるのです。ではなぜ「中学生」ではなく「小学生」なのでしょう。

その背景には学校制度、特に公立高校受験のシステムがかかわっています。それ自体、「高校浪人を存在させない」という大目標の下、ずいぶん昔から「困らない」ようにできてしまっているのです。現在では、「高校浪人」を存在させない、ということは当たり前になっています。

「あなたの成績は○○。なので、この学校を志望校にすれば問題なくたどりつけますよ」

と、いうように受験生の綿密な「配分」や「配置」がすでに存在しているわけです。ですから子ども達は、「この成績を維持するために塾に行く」あるいは、「あともう1時間勉強しなきゃいけない！」という追い詰められ方はするのですが、基本的に「困る」あるいは「困り果てる」ことはないのです。

一方、中学受験では浪人はありません。義務教育ですから誰でも公立中学には入学できます。そして私学受験にもそれなりのシステムも存在します。日能研には「R4偏差値」(合格率80％を示す指標）がありそれを利用するのですが、その提示の仕方によっては、子ども達は未来に向けて「困れる」のです。

たとえば、私から子ども達にこんな質問をしてみます。

「R3偏差値、合格率50％というのは、2回受ければ合格するということかな。どう思う？」

すると、子どもが、

「50％だから、そうじゃないの。あれ？　でもさ、確率って1回1回じゃなかったっけ……」

「そうだね」

「じゃ、2回受けたら合格って、それウソ？」

「気がついたね。もともとR4・80％でも〝必ず〟というわけじゃないから、毎回毎回、落ちる可能性があるんだよね」

「80以上にはならないんだよね」

「そう。確率的には、これ以上はどうしようもないんだ」

「50％でも80％でも、落ちる可能性があるんだ」

「80％まで来られたら、どうする？　もうそれ以上にならないから、あきらめちゃう？」

「いやだ！」

「じゃ、どうすればいいと思う？」

「う～ん。じゃ、確率じゃなくて努力とか？」

「努力って、具体的にはどうするの？」

「油断しないで、もっと一生懸命やる！」

「どうやれば、っていうのははっきりしないけれど、一生懸命やる！」と、多くの子ども達は、かつて私や私の上の世代が学生運動で体験したような「答えも出口も見えないような難問」に挑み続けます。

こうした姿勢は、高校受験を控えた中学生が見せる「ここまでやれば、もう合格できるんでしょ？」とは明らかに異なると、私には映るのです。

ごくごく普通の感覚でいえば、「困る」のはいやなことですよね。できれば子どもを「困らせる」より「困らせたくない」「困るのを見たくない」と考えるのは、当然なのでしょう。

幼稚園、保育園や小学校低学年の子ども達にとっては、これからの日本の社会で生活していけば、自分がコントロールできないところから「困ること」がたくさんやって来るのが現実です。自然災害、世界経済、政治の動き……。予測し対応できる変化だけでない、予測していない変化が起きる。こうした環境下だからこそ、今の生活の中で困らないように手伝って処理しようとすればできることを、意図的に困る方向に仕向け見守っていくことには、大きな意味があります。

お子さんが小学生のうちに、ぜひ「しっかり困る」経験をさせてあげてください。この貴重な経験をプレゼントできるのは、保護者を含め私たち大人しかいないのですから。

5　日能研が板書主義をやめた理由

「教える」ということは、先生から生徒へ、あるいは師匠から弟子へ、何らかの方法で物事を「伝える」行為です。文字を使う、絵を使う、図を使う、いろいろな方法がありますが、最も古く、日本人にとってなじみ深いのが声を使って伝えていく「口承」です。そのわかりやすいものには「口伝《くでん》」もありますね。

そもそも文字が発明され、広く行きわたる前の私たちにとっては、この「口承」が最もポピュラーな伝承方法だったわけです。皆さんも学校で「琵琶法師が『平家物語』を語り歩いた」という有名な口承文芸のエピソードについて学ばれたことでしょう。この口承が世の中を支えていたのです。

テレビの時代劇などにも、ときおり武道の師匠が代々伝えられてきた「奥義《おうぎ》」を弟子に伝授する場面が出てきます。

「一度しか言わぬぞ。よく聞くのじゃ」

こんなセリフが、どうやら〝定番〟のようですね。なぜ一度なのか。受け取り手に奥義に真正面から向かい合う準備ができていると判断したのは師匠。そこから先どう理解するかは相手に任せる、という信頼と覚悟があるから。「教わる」のではなく「自分が学び取る」、この瞬間には「学び家」の姿勢が見えてくるのです。

実際の授業も、教科書の存在を除けば、本来は「口承」。だから先生はよくしゃべりますよね（良い授業は子どももよくしゃべる?）。「学び家」の世界で本来重視されるべきは、この「口承」なのだと私は思います。

ところが実際はどうなっているかというと、講義（=口承）でありながら「パワーポイントを作れ」的な声が多数なわけです。しかもパワーポイントを準備すると今度は「プリントください」「スマホで写真を撮っておしまい」……。これでは「口伝」につながる「一度きりという覚悟」や「相互の信頼感」など、発揮できる状況ではなくなってしまいます。

そもそも「口承・口伝」が持つ特質は、その先生なりの考え方ややり方を体現

（身をもって示す）できるところにこそあるのだと思います。ところが今日、一般的な公立学校で求められるものは、個性などではありません。それよりも、均質なものをいかにつくり続けられるか――なのです。

産業革命以降のテクノロジー中心の世の中では、同じものを安定的に生み出せる、再現性、均質性が重視されるのが当然です。そうなると、「口承・口伝」のような個性（＝良い意味でのバラつき）は困るというわけですね。だから、均質に知識を渡しやすい「文字」が大事にされてきたのです。

ここで注目したいのが「板書」のあり方です。

私たち日能研が「板書を中心にしない授業」に挑戦し始めてだいたい5年がたちます。当時、たとえば特に社会科の先生に多かったのですが、それこそビッチリと〝芸術的〟といえるほどの板書をされるのですね。もちろん子どもは書き写すのに必死です。あれだけ熱心に板書をされれば、やっぱり子ども達も一生懸命に書き写そうとします。

教員養成の課程の中でも「良い板書」について教えられます。その主眼は「どういうふうに黒板を使うと子どもがノートに写しやすいか」。これではいつしか「ノートに写す」が子ども達の学習の目的になってしまいます。言うまでもなく「手段の目的化」であり、「本末転倒」そのものですね。

板書がもたらすデメリットのひとつに、「役立つメモが取れなくなる」があります。今や大学の初年度教育で「ノートの取り方」を教えてくれるところも結構多いと聞きますが、皆さんのまわりはどうでしょう。

小学校の時代から、授業内容を常に板書という記録可能で目に見えるカタチで渡されることに慣れてしまうと、たとえば将来大学に進学して教授が板書をしてくれないと、「ノートに何をどう書けばよいのか、まったくわからない」という事態が起きるといいます。

実際に日能研のスタッフにも、授業中に板書のない私立高校に入学して大きなショックを受け、慌てて「メモの取り方」を身につけたという人がいます。小学校から延々板書が当たり前という中で学び、大学に行ってもパワーポイントの資料（レジュメ）配布が当たり前という環境で育った人が社会に出れば、実際の仕事の場面で戸惑い、困り果てる事態に出会うことは、容易に想像できるのです。

ところが、大学の授業などでは、レジュメやプリントを出すなどして学びやすい状況にしている先生が「しっかりしている」と評価され、そうでない先生は敬遠されるという現実も多く見られるようです。

アタマを使って考え続けたり、アレコレと思い悩んだりすることではなく、知識として〝飲み込みやすい〟ものを与えられることが「良いこと」。均質、均一なものをどれだけ飲み込めるかが「学び」になってしまっている——。これは明らかに「学び家」から「教わり家」への〝退行現象〟と言わざるを得ない。

私たち日能研が「板書」を問題にしたのも、そうした傾向と無縁ではありません。

「うちの子、しっかり勉強してる！」と、お母さんたちがいちばん安心するのは、どんどん板書して子どもがそれを写すという以前のスタイルです。「ノートに書かれた量＝学んだ量」という思い込みがあるので、ノートに書かれた量が少ないと

「うちの子、本当に勉強しているんですか？」と、不安になってしまうのです。実際には、テキストに思い思いにメモを書き込んでいたり、自分にしかわからない形でノートに書いてあったり。子どもの内側で動いた学びの記録は、いろいろなところに、いろいろな形で残っています。

お母さん！　そのやり方こそが「学び家」への道です。お子さんは、今まさに学び続けているのです。

6 教科書もマニュアルもない世界で起きること

本来「マニュアル」は、多様な文化や郷土で育った人たちが一緒に働くために必要な「行動規定」でした。ある事柄についてどういう反応をするかは、その人が育ってきた背景によって当然違います。ところが、組織やグループで仕事をする上で予期せぬ反応は好ましくありません。そこで、「こういうケースでは、こういう行動をしてください」と、こと細かに規定したのです。

この国で「マニュアル」という言葉が盛んに使われ出したきっかけは、ファーストフード店の「業務マニュアル」だったかもしれません。当初は米国流の合理的な考え方を象徴するキーワードとして、大変好意的に受け止められていたと記憶しています。

ところがその一方で、「マニュアル通りの画一的な対応」を揶揄するような風潮も現れ始め、「マニュアル」は今ではすっかり「融通の利かない仕事ぶり」、あるいは「ぎこちない敬語」を連想させる言葉になってしまったようです。

ずいぶん昔ですが、こんな〝笑い話〟がはやっていました――。とあるファーストフード店で、こう注文します。

「ハンバーガー100個ください！」

すると店員が笑顔で、

「こちらでお召し上がりですか～?」

……さすがに問題の部分を含め書き換えられたそうですが、まさにマニュアル化のマイナス面を示す、わかりやすい例といえるでしょう。

もちろん、危機管理上、業務遂行上、重要な役割を担っているマニュアルの存在や役割を否定するものではありません。しかし、自然災害など不測の事態への対応では、「マニュアルの規定外にある状況」や「運用ミスへの対応」が柔軟にできなかった結果、かえって事態の収拾を遅らせてしまった――というような事例が多く報道されているのが実情です。

長く「教科書ありき」という環境で過ごしてきた人が、社会へ出て教科書（マニュアル）のない世界で働くのは、とても大変です。答えのない、前例やパターンのないもの、まさにマニュアル化されていないものをどう迎え入れるかを試されるのですね。

それまで「教科書に書いてあるから、これでいいじゃん！」という思考パターンで過ごしてきた人は、先ほど述べた「しっかり困る」経験が十分ではありません。ところが、教科書もマニュアルもない世界へ足を踏み出すということは、この「しっかり困る」力が問われることになるのです。

世間を見ていても、自分の行動をマニュアル化している若手がときおり目につきます。確かに、一つひとつ意識的に行っていたことを、意識せずに実行できるスタイル、無意識の行為に変えていくわけですから、これは一種の「学習のカタチ」でもあるのです。

無意識の行為＝マニュアル化とは言い切れません。しかし、できればこうした「自己マニュアル化」は通過点であって、そこで終わりにしてほしくないと私は思っています。なぜなら、自分の行動をマニュアル化しておきたいのは、「しっかり困る」を避けるためです。彼ら彼女らが「しっかり困る」を楽しめれば、自己マニュアル化に向かって走る必要はないのです。

こうして「自己マニュアル化」が進んでいくと、やがてそれが周囲を巻き込むように広がっていき、「みんなのマニュアル」になっていきます。そして「肥大したマニュアルの想定外でした」が発生し、トラブルになる——。こんな事態はぜひ避けたいと思うのです。

学校には教科書があって、その教科書の中からテストの問題が出る。テストでは教科書に書いてあるとおりに答えないと「マル」がもらえない——で、ずっと来てしまうと、いわゆる「教科書的な発想」しかできなくなってしまう。そういう人は、「マニュアルも情報、前例も情報、教科書も情報に過ぎない」という体験をする機会がないまま社会へ出ていくわけですね。

「教科書の中からテストが出題される」「必ず正解がある」という発想でその人が防災マニュアルを作ったとしましょう。その結果、「想定を超える危機に対応できない」事態に陥るのは、むしろ当たり前だと私は思います。彼は仕事を怠けているのではありません。実はきちんと〝教科書をもとに〟仕事をしているのです。

こうして作られたマニュアルは、過去の事例をもとにしています。ですからそのちょっと先くらいの範囲においてはしっかりと対策が講じられるでしょう。前例主義、マニュアル主義の中での頭の使い方は、実にしっかりしているからです。


危機に対する意識――ということでいえば、今でも鮮明に記憶しているのは、米国を襲った「９・１１」。当時たまたま現地にいたのですが、そのとき、最も強烈に感じたのは「国民性の違い」でした。

当時のブッシュ大統領によるいわゆる「非常事態宣言」が出ると、まわりの人が「これで大丈夫だ！」と言うのです。「すべてが大統領のコントロール下に入るから混乱は掌握され、大丈夫だ」と。国家というものに対する信頼感は、ものすごかった、そしてみんなが国家を支えていた。おかげで、私も街を自由に歩けるようになりました。

こうしたことは、マニュアル以前の問題。国民性、または学習の違いかもしれません。「自分たちの国を自分たちでつくっている」という意識の問題ですね。果たして、同じことが日本で起きていたら、どんな対応がとられたでしょうか……。

第2章

不安定という自由を子ども達に手渡そう

1 「立ち歩き」だけで、学級崩壊？

前の章では、「教わり家」と「学び家《まなびか》」の違いや、「しっかり困る」ことの大切さなどについて触れてきました。この章では、さらに今の子ども達を取り巻く「学び」の現場の状況などについて、考えていきましょう。

まずは、簡単なクイズから——。

子ども達が体育館や校庭で座るときに「体育座り」をしますね。あの座り方にはこんな意味（効果）がある、と聞いて驚愕したことがあります。次の3つの中からお選びください。

①長時間、座り続けても子ども達が疲れないように、筋肉の緊張をほぐし、

リラックスさせる座り方。
②子ども達が自分勝手な行動をしないように、体の動きを制限する座り方。
③昭和40年代に始まり自然に定着したが、特に意味はない。

さて、いかがでしょう?

まずは、「体育座り」をしている子ども達の姿をイメージしてください。自分の手をロープ代わりにして足を縛るカタチですよね。しかも肺に空気を吸い込めないように圧迫しています。あの状態からはサッと飛び出せません。瞬時に筋肉を動かせないようになっているのです。

聞いた話は②。

こうして〝すぐには動けない状態〟にしておかないと、教員は子どもの側に行きたがらないのが現実(!)なのだそうです。

もっとも始まったのはずいぶん昔のこと。教育の現場から始まったようで、子どものときの経験者が教員になり実施したことで、今では常識のようになっている。教育の連鎖反応、当たり前になっていることのうち、いくつぐらいこんな例があるのでしょうか。自分の常識を疑ってみるきっかけにもなりますね。

幼稚園では「一人ひとりの個性に合った……」という意味の文言が「幼稚園教育要領」に明記されています。それもあってか座り方は園の指導方針によってさまざまです。学校教育法第一条に定められた学校に比べ、幼稚園の実態には実に多様性を感じます。ところが、小学校に入って学習指導要領のコントロール下に入った途端、様相が変わるのです。

まずはクラスに所属し、教室という居場所が定められます。前の子の後頭部を凝視する座り方をして、おなじみの「背筋は伸ばして手はお膝、お口はチャック」。ここでまず、「教わり家」としての〝型〟を身につけるわけです。そして、体育館や校庭では「体育座り」。

最初は机といすに縛りつける。小学校の教室が幼稚園と同じ様相では、日本の伝統的集団授業が成り立ちません。机がないところでは、自分自身で自分を縛るように指導するわけですね。実にこの一連の流れこそ「教わり家」を養成するための〝優れた〟システムなのです。聞くこと、受け入れること、覚えること。日本の学校教育の始まりです。

もちろん、こうした流れやシステムを維持することには、学級崩壊を未然に防ぐという狙いもあるかと思います。確かに一部にはひどい状況もあるようですが、今でも「立ち歩きしただけ」で学級崩壊の始まりと言われる——。私はその程度なら問題ないという立場です。

確かに、場に合わない大声を出したり、人を叩いたりしてはいけません。しかし、少なくとも私が子ども達に相対しているときに、立って聞いている子どもがいたとしても、問題ではありません。「学んでいるならいい」と思うのです。

ところが、特に公立の小学校では「立ち歩き」イコール「態度が悪い」「学んでいない」と判断されてしまいます。先ほど「板書」を話題にしましたが、「書き写すことが学び」という前提であれば、確かに「立ち歩き」は「書きません。受け取りません」と言っているのと同じです。そのため、「学ばない態度」と見られてしまうのでしょう。

このように、学校というシステムは「教わり家」養成所としてはとてもよくできています。反対に、「学び家」になろうとするには、阻害要因（＝じゃまもの）がたくさん待ち受けている場所――というわけです。

中でも公立の学校は、「学び家」にはとても暮らしにくい場所です。「廊下を走るな」に始まり、あらゆる面で「×××禁止！」「○○○しましょう」だらけ……。失敗は極力排除する方針ですから、「学び家」は試行錯誤ができなくなってしまうのです。

学校側としては、子どものケガなども含め、すべてを「想定内」に収めたいのでしょう。目指すは「転ばぬ先の杖」というわけですね。

ところが、こうした教育を受けてきた結果、今の若者の多くは転び方を知りません。だから、何らかの理由でバランスを崩したとき、とっさに手をつけず前歯を折ってしまう子さえいるのです。

私は「転んだら杖」「走るための杖」くらいが、ちょうどいいと思っています。やはり、まだ身体が柔らかくて、失敗への恐れが小さい子どもの時期にたくさん転んでおくことが大切だと思うのです。

2 何でも右へ倣《なら》え！
～決めるのが不得意な日本人

第1章の3の項（大切なのは「私が意見を持つ」こと）で、友人とレストランに入る話をしました。

私たち日本人に対して米国人が「すぐに同じものをオーダーする」ことと「マネ上手」とをつなげて、ある種の〝警戒感〟を抱く――というつながりはよく知られていることで、「とにかくオーダーが重ならないように」と慣れない英語のメニューと格闘したわけです。

確かに日本人のグループが食事のオーダーをする際に、「じゃ、私もそれ！」「同じものでお願いします」というセリフが飛び交っている場面、皆さんもよくご覧になっていることでしょう。

こうした現象が見られるのは、なにもレストランに限ったことではありません。

本屋さんに行っても、同じような光景を目撃できます。

大型の書店にはたいてい「当店のベストセラー」というような棚や展示コーナーがあって、売れ筋の書籍が並べられています。すると、それを見た人が「みんなが買っているみたいだから、きっと面白いのだろう」と、思わず手に取る。書店の作戦にまんまとハマってしまうというわけです。

「みんなと一緒なら安心」「みんなと同じが無難」、安定という発想。これは「自分で考え、答えを出す！」という、動き続けていく「学び家」の姿勢とは相容れないものですね。

ではなぜ、私たちはこうした安定を求めるという考え方に陥りやすいのでしょう。いくつかの要因が考えられますが、そのうちのひとつに、この国に蔓延している「規制」と私たちの関係があるのではないかと考えています。

ここのところ歴代の内閣がその政策目標のひとつに「規制緩和」をあげるように、この国、そして地方自治体による「規制」は、ありとあらゆる分野に、まるで網の目のように張りめぐらされています。この「規制」によって、いわゆる「お上」が国民をそのコントロール下に置いている——というのが、この国のおおかなカタチといえるでしょう。その中でなら安心していられる。自分が判断するのではなくお上の判断だから安心する、納得する、あきらめる。その証拠に、私たちは自分が自分である証明の印鑑にまで「お上」のお墨付きをいただかなければならない仕組み（印鑑登録〜印鑑証明）の中で暮らしているのです。

これがサインシステムだとどうでしょうか。実際にその世界で暮らしたことはありませんが、いくつかの法人にかかわったことがあります。ともかくたくさんのサインをすることになりました。何枚もの書類にサインをしているうちに、自分で見ても同じ字に見えないサインをしているのです。気になって聞きました。

「これで同じ人のサインだとわかるんですか？」

「ノープロブレム！　あなたがサインをしていることはここで見ている私たちが知っている。何の問題もないよ」

そうなのです、たくさんの仲間に囲まれてサインをしているのです。実際にトラブルになって、法廷で取り扱われるときにはどうするのかはわかりませんが、私たちの間でＯＫ！　なんです。人と人の間の力です。国の保証が必要ではないのです。

　こんな例もあります。

　何十年も前の話です。作家の畑正憲さんが、北海道の離島（漁師小屋はある無人島）に家族で1年間移住されたそうです。離島ですから当然、その間は娘さんは小学校に通えないことにもなるわけです。故意に自分の娘を修学できない環境にした、ということで畑さんは罰金を支払う覚悟をしたのだそうです。また同じ頃、日本の中学から海外の寄宿制の学校に子どもを通わせて罰金を徴収された人がいるとも聞きました。その罰金に関する条文は、今でも存在しています。ただそれを使っていないだけです。そんな今は使っていない定めはきっと山ほどあるのでしょうね。

　この国では、私たちがごく一般的な感覚で想像する以上に「定めの中にいなさい」（＝「お上」のコントロール下にいなさい）という圧力が強いと感じます。「その中」にいる者には一定の安全が確保されるという関係が保たれている――。これは日本の伝統的なムラ社会の〝掟〟ともいえるものです。

結局、私たちの心の奥底には、「定め」の中にいる安心感、掟に背くと「村八分」にされてしまうという恐怖感――というムラ社会のＤＮＡが、いまだに色濃く反映されているのだと思います。「自分で決める」ではなく、「決まっているに任せるのが安心」という思考回路ですね。

ここでこんなジョークをひとつ。

「救命ボートは定員オーバー。誰かが海に飛び込まなければ全員が助からない」という状況。どのように説得すれば全体の利益のために行動してもらえるか――。米国人には「あなたは英雄になれます」。英国人には「あなたこそ紳士だ」。ドイツ人には「それがルールです」。イタリア人には「飛び込めば、モテますよ！」。そして日本人には「皆さん飛び込まれたようですよ」……。

3 「安定」という枠に縛られない生き方

「ご注文のほう、お揃いでしょうか？」

ファミレスの店員さんが、こんな言い方をすることがときどきありますね。そして、食べ終わった器を下げる前には、

「こちらのほう、お下げしてよろしかったでしょうか？」

何とも中途半端で締まりのない日本語に聞こえます。こうした〝頼りない〟言い方を、私たちはたくさん耳にしています。

前項で、私たちと「規制」の関係についてお話ししました。

この国では、伝統的なムラ社会の〝掟〟が根強く残り、作用している。結局は〝お上〟の定めた規制の中にいる「安心感」を重視してしまい、多くの人が「自分

で決める」ではなく「決めてもらうのが安心」「誰かが決めた正解がある」という思考パターンに陥っている——。

ファミレスの店員さんの日本語も、自分で何かをしっかり決めたり、物事をきちんと〝着地〟させたりすることへの不安、自信のなさの表れなのでしょう。「自分が決めるよりも、誰かに決めてもらうほうが安心」という考え方を色濃く映し出しているのだと思います。

こうした考え方が根底にあれば、不安より安心を、「不安定」と「安定」を比べれば「安定」をと、強く望むのも当然でしょう。ところが、こと「学び家」になる、あるいは「学び家」を育てるという視点に立つと、この「不安定」と上手に向き合えるかどうかが、とても重要になります。この項ではこの「不安定」と「安定」ということについて取り上げていきます。

中学受験では、早ければ1月初旬から最終は2月初中旬までの間で、いくつかの学校を受験します。

日能研では中学受験をし、不合格を作った子どもに、その場で「なぜ不合格だったのか」について自分の言葉でふり返ることが大切、と伝えています。目的はもちろん経験を「次」に生かすこと——。

たとえば子ども達が、こんなことを話してくれました。

「簡単だと思った問題に意外と時間がかかって、すごく焦っちゃった」「まわりの子の様子を見たら、かえって自分が緊張しちゃった」「見直しをしようとしたら迷っちゃって、間違ってるほうの答えに書き直しちゃった」……。

子ども達は問題を解いていたときの気持ちまでていねいに思い出して、一生懸命に伝えてくれます。そこで、こんな質問でふり返りを一歩進めました。

「そう。そういうことがあったんだ。それは何でだろう？」

するとその子はしばらく黙って考えた後、

「心配なのかな、自信がないのかな」「あんなにたくさんやってきたのに」「やっぱり難しいのが苦手なのかな」

自分で自分の未来をつくるために、ここからが大事。

「じゃ、これからはどうする、次はどうする？」

「自信の持ち方は変えられないな。自分でどうにかするとか、感じないようにするとか無理だから、そういうふうになっちゃう自分なんだと思っておく、迷わないようにする」

と、ていねいに答えてくれたのです。

入試会場で想像以上に「不安定」な状況に自分が陥る経験をした子どもが、これからも起きるであろう「不安定」を受け入れ、その状況と共にいる覚悟を決める——。実に頼もしく感じられる瞬間でした。

ずっと考え続けなければならない状態は「不安定」。それがいやで、「いいから、早く答えを教えてよ！」となれば「安定」志向ですよね。

あれこれとやり取りをする授業は、そこに自分がいて、ずっと頭を使っていなければならないから、居眠りなんてできない。この状態は、言うまでもなく「不安定」。反対に「この先生は、ここだけメモを取っていればいいんだ」という授業は「安定」。

いずれも「不安定」＝前者が「学び家」を育てる環境。「安定」＝後者は「教わり家」を生み出しやすい環境です。

誰でも、慣れないと落ち着かない「不安定」な状態にいるよりも、落ち着いていたいと考えるでしょう。しかし、「教わり家」ではなく「学び家」になる、あるいは「学び家」を育てるためには、「この続きは、だからその次は」と常に自分が動き続けるような、終わりのない「不安定」な状態に好んで向かっていく姿勢が何より必要だと私は思っています。

仕事にたとえれば、いったん決まったことでも時代や状況、技術の進展など、当初は考えていなかった要素によって、その後、変更になるのは日常茶飯事。「いったん決まったら動かさない」ほうがかっこ良いと考えてしまいがちですが、実は自分自身も日々変わっているわけですし、事態にはもっと柔軟に対処できるはずなのです。「不安定」は、このように「状況が変われば、計画が変わる」を認めることでもあるのです。

お話ししてきたように、「不安定」は常に動いている状態。定まっていないということは、「いつでも、どこへでも動ける自由」があるわけです。もちろん、進んで「不安定」を受け入れるにはそれを楽しめるだけの〝丈夫（タフ）な心〟が必要ですが、特別な訓練や才能が必要なわけではありません。不安定を認める気持ちを持つことができれば、そこから〝丈夫（タフ）〟に変わっていけると思っています。

一方で「安定」は収まっているわけです。見方を変えれば変化をしない、イコール「不自由」ということになるのです。

4 あえてテストの正解を受け取らない子ども達もいる

今年、２０１４年は、この国にとっていろいろな意味で〝節目〟の年になると思っています。４月には17年ぶりに消費税率が引き上げられました。集団的自衛権、原発、ＴＰＰ、持続可能な開発のための教育の10年の最終年、センター試験を新方式にする、首長の教育に関わる力を強くする、などさまざまな大きな問題の方向性が定まりつつあります。一方では新聞各紙で「○年ぶりにベア実施」という見出しが躍るなど、長く続いたデフレからの脱却（？）も現実味を帯びてきつつあるようです。

ところで、この「ベア実施」を求めて労働組合が構えるのが「春闘」。この春闘に関連してこんな内容のニュースが目に留まりました。

「久々の春闘。〝やり方〟がわからず、先輩に指導を仰ぐ」

確かに「ベースアップ、賃上げどころじゃない！」という時代が長く続きました。今、労働組合にかかわる若手の皆さんには昔ながらの「闘争」（「春闘」は春季闘争の略語です）の経験はもちろん、知識も十分に引き継がれていないのかもしれません。

そこで、先輩方に「ハウツー春闘」と教わりにいったわけなのですが、思わず「ちょっと待ってよ！」と言いたくなります。昔のやり方を聞いたって、それは今でも使えるやり方なの？　未来をつくれるやり方なの？

「自分たちの生活や将来がかかっているのなら、自分たちが〝やりたいように〟やればいいのに！」

わざわざ先輩に教えを乞うような話ではないと私は思うのです。「春闘」にまで教科書が必要？　「教わり家」がリードする伝統的な春闘のやり方を調べる、やってみるでは、今ひとつ盛り上がりを欠くのではないか――と。考えてみれば、これも安定志向、「マニュアル化」の弊害のひとつかもしれませんね。

今や就職や結婚（就活・婚活）はもちろん「終活」～自分の人生の終え方まで、

いわばマニュアル化されているわけです。

「終活」でいえば、終活アドバイザーという方がちゃんといて、その人に〝教わり〟ながら「エンディングノート」を作っていくのだそうです。「エンディングノート」自体も、「思い出」や「伝えたいこと」などの空欄を埋めていけば、だいたい完成するというシロモノ。「自分が死んだときにどうしてほしいのか、前もって決めておくと心安らかにお休みになれますよ〜」というわけです。自分のまわりの人や育てた人が信用できないからでしょうか、自分がそうやって生きてきたからでしょうか。なるべく迷惑をかけたくないからでしょうか。

こんなご時世であれば、労働組合員同士の「連帯」の仕方や「闘争」の仕方にマニュアルがあっても、おかしくないのかもしれません。


なかなか「教わり家」を卒業できない大人たちの話をしてきましたが、子ども達はたくましく育っています。先日の合格発表の現場でのインタビューの中では、こんな発言が飛び出してきました。

「教科書とか先生が言ったことだと考えないんだけど、友だちの言ったことだと間違っているかもしれないから考え続ける」

これだけでは、わかりづらいですね。たとえば、こんな状況です。

同じ「テストの問題」に取り組んだ子ども達が、テストの終了後に答案用紙をとりかえて、お互いに気づいたことや意見などコメントを交換する——というふり返りのひとコマ。

先生ではなく仲間の意見だから「間違っているかもしれない」。これは、いわば「不安定」な状態ですね。だから何か言われても、どんなコメントが書かれてきてもそこで終わりにするのではなく「考え続けることができる」と、子ども達は言うのです。

「それはその子の意見だから、正解じゃないかもしれない。ちょっと考えてみよう」という「学び家」としての態度、行動が感覚として身についているのです。答えが定まらない、不安定なものに挑み続ける姿勢ですね。

このときに、もしも「はい、これが正解です」というものがすぐに渡されてしまえば、不安定ではなく「安定」した状態になります。「渡された答えを〝丸呑み〞するしかない」という、一般的には普通の状況の中で過ごしていると、「教わり家」ではなく「学び家」になることは難しいと思います。

不安定なもの、動き続けるものと、どうやって向き合っていくのか。周囲にいる我々大人も、この感覚をぜひつかんでいきたいと考えるのです。


「答えがあると、じゃまっけ！」

このように話す子どももたくさんいます。テストの問題だから、答えがあることはもちろん知っています。ところが、答えを渡されてしまうと、それに縛られてしまう。だから、

「まだ模範解答を渡さないで！」

テスト時間が終わっても考える（テストに向かい続ける）をやめたくない。不安定なものを少しずつ重ね合わせていくところが楽しい――と言うのです。

今年初めて「春闘」を経験された労組の若手の皆さんにも、こうした「学び家」さんたちの姿勢、ぜひ参考にしていただければと思います。

5 終わりをつくらず、変化し続けること

不安定と安定についてアレコレと思いをめぐらせてきましたが、そもそも不安定という言葉自体、人によっていろいろな受け止め方があるようです。

本来の意味は言うまでもなく「不↓安定」＝「安定しない」ですが、文字の区切り方によっては「不安↓定」＝「不安が定まる」という読み方もできてしまうのです。「不安定な状態は不安」と感じている人の多くが、このようなつなげ方をしてしまうのでしょう。

少々〝理屈っぽい〟話になりますが、ここで不安定な状態を遊具のシーソーにたとえてみましょう。

長い板の両端が上がったり下がったりを繰り返すシーソー。確かに「安定」で

はなく、常にバタンバタンと「不安定」な状態に見えます。ところがよく考えてみると、この不安定の中には「安定」つまり左右が釣り合ってシーソーの板が水平に静止する瞬間も含まれている（！）のです。子ども達はこの状態を楽しんでいます。シーソーに乗らなくなった大人たちはこの不安定を楽しめなくなっているのです。不安に感じる大人は「動いていること」に対して不安を感じている、あるいは「嫌《いや》」と感じている——のですね。

シーソーの場合、水平の状態のほうがむしろ特殊で、圧倒的に割合が高いのは不安定で揺れている、動いている状態なわけです。いわば、不安定のほうが当たり前。ところが大人たちの多くは、水平が当たり前のように、それが良いことのように決めつけてしまっているのです。

不安定に対する「嫌だな」という気持ちを解消していくためには、「動き続けていること（動的・ダイナミック）」に対する違和感、否定的な感情を抑えて、受け入れられるか否かがポイントとなるようです。

地震対策のひとつとして知られるビルなどの免震構造は、耐震構造とは違って構造そのものが「動く」ことによって地震の揺れを吸収させるという考え方です。このように、不安定を受け入れるときにこそアイデアと技術が発揮されるケースは数多くあります。それを知っていても、安定をつくろうとしてしまう。なぜでしょう？　もともと定住型、農耕民族だった私たちは「落ち着き（静的・スタティック）」を求めるという文化を受けついでいるのかもしれませんね。

あまり人々に好まれない「不安定」ですが、先ほども触れたように「学び家」になる、あるいは育てることにおいては、とても重要な役割を担っています。自ら進んで不安定な状況に飛び込んでいくような姿勢が「学び家」には必要だからです。

ところがこの国では、自分自身で不安定を探し求めていかないと、安定という鎖に縛られたままになってしまいがちです。やっぱりわかりやすい例が、公立学校――。「教わり家の〝温床〟」という言葉が思わず浮かぶほど〝油断のならない〟場所といえます。

わかりやすい例をあげましょう。徹底してみんなと同じ〝決まったもの〟を渡されることです。

1年生のときには、まずアサガオの栽培キットが配られます。植木鉢はみんな同じ。ツルをからませる支柱も同じ。水をやり忘れないように、ペットボトルの差し込み口まで用意されている。すべて画一的に決められているのです。理科の実験セットから裁縫セットまで同様に。カイコの飼育に至っては、みんないっせいに繭を作るように、同じ成長段階のものを大量に調達して渡すという徹底ぶり。ここまでいけば、逆に「お見事！」と、言ってあげたいくらいです。

さらにいえば、禁止事項のオンパレード。小学校はシャープペンシル禁止、先生によっては色ペン禁止。バレンタインの季節のチョコレート持参は禁止。まだ習っていない漢字は使用禁止。中にはカイロ禁止というところもあると聞きました。「なんで？」と質問したら、「破れて粉が出ちゃうと大変だから」……。実際にある禁止事項を全部集めたら、もうどうなることやら、これには、開いた口がふさがりません。

規制に縛られ「教わり家」になっていくのに最も適した環境が、皮肉にも学校に準備されているのです。

教科書の内容を決める教科書行政にしても同様です。最近の例でいえば「日中関係の問題」が話題になった際、安倍総理から「歴史的なことなどきちっと決まっていないものは教科書に載せるな。教科書に載せるなら、学会が結論を出したものだけにしろ」という趣旨の発言がありました。言葉を換えれば、「最先端のことは、学ばないでよい」あるいは「確認できていないものは、学ばせない」というわけです。こうして作られた教科書では、子ども達が時代に取り残されてしまうことにもなりかねません。

もともと教科書には〝両論併記〟という、いわば「不安定を良しとする文化」はありません。ですから、この問題で注目された「こんな見方も、あんな見方もある」というような書き方はされないのです。

動き続けているもの、結論の出ていないものなど「不安定」を相手にしていくことは、決して簡単なことではありません。ごく普通に考えると、人は適当なところに「ゴール」をつくり、「安定」を手に入れたいと考えます。

「不安定」に延々と向き合うのではなく、たとえば昆虫の標本作りのようにピンで〝動き〟を止め、「こんなに揃った」「これでできた上がり」と、戸棚にしまい込んで「終了」にしたくなるものなのです。

だからこそ、何か不安定な、落ち着かない状況を自分の中にしっかりと抱えながら生きていける人は、子どもにしても大人にしても、「自覚と自立」ができているる——といえると私は思います。これはまさに「学び家」の姿でもあるのです。

この本の中に何度も出てくる「学び家」ですが、これは目指すべきゴールではありません。「私は、学び家になろう！」と決心したら「宣言」をします。「私は学び家です」、ちょっと弱気になれば、「今から私は学び家になります」。どちらにしてもその瞬間にひとりの「学び家」が誕生するのです。日能研では、宣言をした子ども達に必要なフォローをしていきます。彼らは「学び家」としての考え方や態度に出会い、そのあとにつながるチカラを身につけて進学していきます。

その後は中学、高校、大学——と「学び」を深め、「学び家としての自分」を育て続けていくわけですが、この場合も大学卒業が目指すべきゴールではありません。「ここまでやれば終点」という学びの終了地点はどこにも存在しないのです。

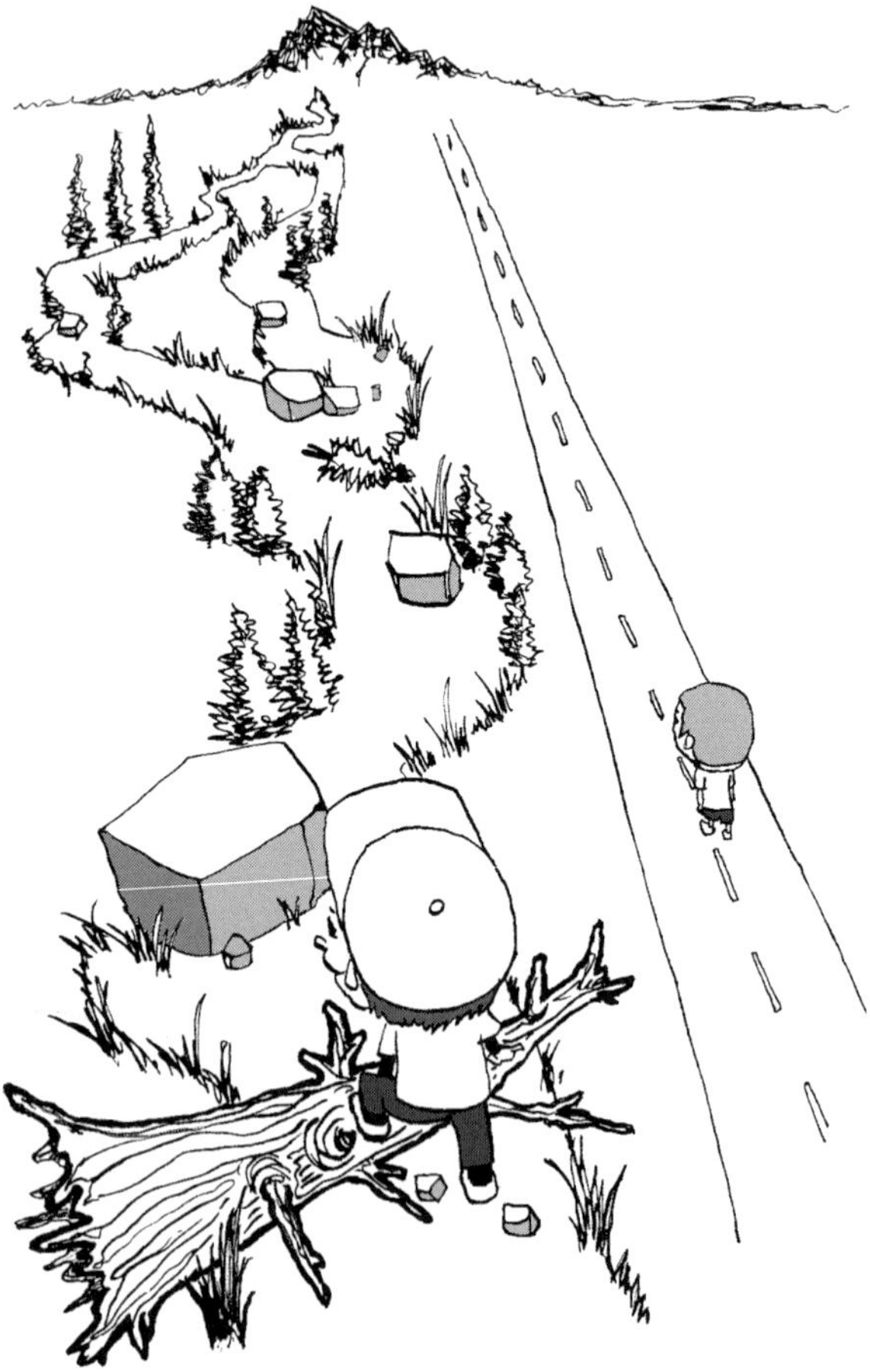

第3章

縦につながる学び、横に広がる学び

1 学びの縦関係、横関係とは？

2人以上の人の〝つながり方〟には、大きく分けて「縦関係」と「横関係」の2つが考えられます。ここでは学びの場面に見られるこれらの関係の特徴や働きなどについてお話しししていきます。

縦関係とは「上下」の関係。旧来型の会社組織などを思い浮かべていただくとわかりやすいと思います。一般的な企業、あるいは警察や消防隊の組織図を見ればおわかりのとおり、普通はいちばん上に配された最高責任者などを頂点として、ピラミッドのように下へ下へと組織を作る小集団が広がりながらつながっていくイメージ。部下は大なり小なり上司の指示のもとで仕事をするのが原則――ですね。

ときどき「現場の意見を経営判断に生かすため、うちはボトムアップ型の組織にしています」という話が出てきます。情報が流れる〝方向〟が変わったという点においては革命的で、とても開かれた企業姿勢のようにも映ります。ただ構造的には、これも縦の組織に違いはないでしょう。

一方、横の関係は、上下間の指示、命令、ホウレンソウ（報告・連絡・相談）で物事を進めるのではなく、メンバーが横につながっていくイメージ。コミュニケーションや信頼関係を重視し、お互いに話し合うなど相互援助をもとにして意思決定をしていきます。

この国では基本的に縦関係を中心に社会の仕組みができているといってもよいでしょう。その中心に省庁などの役所があり、公立学校、会社など、ありとあらゆるものが「上下」の関係をもとに動いているのです（ベンチャー企業などで上下だけでない関係を目指している人たちは別でしょう）。

そうした中、もともとあまりなじみのなかった横の関係が注目を集めるきっかけになったのは、東日本大震災などの大規模な自然災害の発生です。

各地から駆けつけた個人や組織によるボランティア活動。そして時間とともに共有された「絆」というキーワード。被災者の方もボランティアも同じ地平に立って未来を見つめる――。こうした状況に「上下」の関係は〝なじまない〟ですね。

縦関係、横関係にはそれぞれ強いところ、弱いところがあります。また、それぞれが最も機能するのはどんな状況のときなのか――。「学び」の現場での実例を含め、見ていきましょう。

まず、縦の関係が機能する例として一般的にいえることは、何らかの目標に向かって組織が動いていく場合です。〝軍隊〟などはその典型ですね。

学びの現場で考えると、通常は先生と生徒の関係がまさしく縦の関係です。先生がすべての問いに対する正解をもって、子ども達に対して「言ったとおりにやりなさい」「こういう風にやりましょう」と指示するような状況があるとすれば、これは言うまでもなく縦の関係。それも極めて〝きつい〟関係ですね。

中学校になると、さらに「内申書」の問題が重く〝のしかかって〟きます。先生の下す評価が公立高校受験に及ぼす影響がより切実になるのです。こうなると、評価する先生と評価される生徒――という縦の関係もより強化されざるを得ないことになります。

中学受験を中心にしている日能研ではどうなっているのか、少しご紹介しましょう。

私たち日能研では「授業をする人」と「テストを作る人」が同じではありません。そのため、テストが終わると、授業をした人は問う人、試す人としてではなく、子どもと同じ方向、視点からその結果を見つめます。子どもの成績が悪いことは、イコール自分のかかわり方が悪いことになる。だからもっと、子どもと「仲間の関係」になれるのです。子どもの成績が悪いときの怒りは自分にも向かうことになります。いわば〝ゆるやかな〟横関係ですね。

一般的な「学び」の現場で縦関係が効果的に働くとしたら、「教える人が同時に評価する人」であることをきちんと自覚し、「自分以上に育成する」という視点で子どもと接していくことが基本的な条件です。

教える先生と教わる子ども――という縦の関係に対して、子ども達同士のつながりが、まさに横の関係です。「教える―教わる」が固定している縦関係が強いと、子ども同士で学び合う横関係は生まれにくいのですが、この横関係こそがとても良い「学び」の環境を生み出します。

たとえば、立ち止まってしまった子どもに対して、大人と子どもそれぞれが、わかるようにと何かを伝える場面。大人が一生懸命に説明しても、その子に意図したとおりに伝わらなくて困るということが起きます。経験も生きてきた時間の長さも圧倒的に違いますから、ある意味では仕方がないことです。

一方、子ども同士の横の関係ならば、同じような時間、経験の中で過ごしてきている同士です。子どもにとってより身近な言葉、聞きやすくわかりやすい言葉で伝え合うことができるのです（くやしいことに、大人にとってはどの言葉が理解につながったのかがわからない！）。

「こう解きなさい」「これが正解です」という縦の一方的な関係に対して、横の関係にはこうしたわかりやすさと不安定とが〝同居〟しているのが特徴です。

横の関係の中で得る知識や情報には、わかりやすさの半面「これが絶対に正しい」というような、いわば保証がありません。同年代の仲間の言うことですから、もともと「間違っているかもしれない」不完全、不確実、不安定な情報。だからこそ、それを聞いた自分自身が「どうする」を問われる、まさに「学び家《まなびか》」が育ちやすい環境なのです。

先ほどは、目的に向かって進んでいくという、縦の関係が機能する例をあげました。それとは異なり、たとえば創造的な活動やお互いに育ち合う関係、人間的な成長を求めていくようなケースでは、横の関係がより機能を果たすと私は考えています。

見てきたとおり、友だち、仲間との関係は当然のことながら「横関係」ですね。しかし、その中でも知識・経験の差から、縦関係であるように感じる瞬間はあります。たとえば、「あいつは昆虫博士。虫のことはあいつに聞けばいい」という場面。詳しい仲間のところへ知識を受け取りに行くという行動に焦点を当てて考えれば、これは縦関係に近いですね。

とはいえ、仮に「聞いた虫の名前が間違っていた！」としても、「ごめんね」「いいよ」で済んでしまいます。これは言うまでもなく、基本的に「仲間」は横の関係だから。わかりやすさと不安定とが〝同居〟しているつながりなのです。

日能研では毎年、合格発表の場で子ども達にインタビューをしています。「合格インタビュー・その瞬間の子ども達のことば」と題して、体験談を映像記録として残しているのです。

ここで、その中から「友だち」「仲間」など横の関係について語られた内容の一部をご紹介しましょう。「学び家」にとっては、こうした横の関係の中にいた時間がとても大切なのです。

「合格インタビュー」2014年より――。

最初は、ある問題に挑戦する過程で友だちの意見に出会ったという男子の声です。

「僕は絶対に答えがあるんだって思って探していたんですけど、意見を合わせてみたら『今の条件ではこれを解決することはできないんじゃないか』って意見があって、『あ！　そういう視点もあるんだな』っていうのが感じられました。すごいな！って感じですね」

次にご紹介するのは、女子の声です。

「考え方を出してくれるのは、私と同じ年齢で同じことをやってきている人たちなので、子どもの同じ視点でわからない場所を共有できたりして、先生のときもわかりやすいけど、また別のわかりやすさがあったような気がします」

一流百貨店での買い物には、お値段なりの「安心感」がありますね。普段は「少しでも安いものを！」であっても、ここぞという買い物、たとえば本当にお世話になった方に心からのお礼の品物を！　などというときは、「やはり、デパートじゃなきゃ」という〝あの感じ〟です。

安心感の正体は「保証がある」ということになるでしょう。「デパートで買えば、あとで不具合が見つかっても交換してもらえるはず（しかも、ていねいな応対で！）」。この安心感のため、余計にお金を払っている――ということもできますね。

触れてきたとおり、こうした「保証」という考え方は横の関係の中にはありません。虫の名前を間違えて教えても、「ごめん」のひと言でＯＫなのです。その意味で「仲間」はまさに保証を〝度外視〟した横のつながり。だからこそ、「自由」が確保されているともいえるのです。

2 公立学校は典型的な縦関係でできている

「学び家」にとって、仲間と共に学び、支え合うことができる「横の関係」の中にいることの大切さについて、実例を交えて話を進めてきました。

再度、公立学校での縦関係、横関係について見ていきましょう。

学校生活、特に公立学校はほとんどが縦の関係ですね。一見すると「同学年」は横の関係のようにも思えますが、「クラス」というルールによってしっかりと管理されています。教育現場には学級経営という言葉があり、先生もこの概念に縛られているのです。そのクラスが全体の中でどんな状態にあるのかは先生の評価になるのです。

また〝昔ながら〟のクラブ活動も「先輩∨後輩」というパワーバランスを重視

する、明らかな縦社会、縦の関係です。学校の部活レベルであれば、経験の差がそのまま実力差に大きく影響します。したがって学年と〝うまい・へた〟がイコールになりやすく、縦関係が維持されやすいのです。

ここで〝昔ながら〟と書いたのは、このスポーツの世界でも意図的に縦の関係を横の関係に変えることによって、成果を上げる例が出てきているからです。

たとえばサッカー日本代表の選手たちを見ていても、ずいぶん昔と違うなと感じます。監督の方針、戦略を〝表現〟するため、選手一人ひとりがお互いを支え合いながら自分の能力を発揮し、チームを形づくっているように見えます。もはや「先輩＞後輩」のような力関係ではなく、「お互い」というしっかりとした横の関係が築かれているように思うのです。

ドキュメンタリー番組などでときおり紹介される「選手同士（だけ）のミーティング」などは、お互いの信頼関係がプレーのベースにあるからこそ、意味のあるものになるのでしょう。

日本の高校野球、夏の甲子園大会でも上級生、下級生の〝新しい関係〟に注目が集まったことがありました。

高校野球、それも甲子園に出場するレベルともなると、合宿生活をはじめすべてが先輩・後輩という厳しい上下関係でできあがっているような印象を受けると思います。しかし、その〝話題校〟では後輩も先輩に対していわゆる「タメ口」を利く。さらに県予選での試合中、1年生のキャッチャーが3年生のエースピッチャー（その後、ドラフト1位でプロ入り）に対して「しっかり投げろ！」とばかりに気合いを入れる――。賛同、批判、直後にはいろいろな見方が飛び交いました。

高校野球の話題でいえば、日本の「高野連」という組織の「縦関係」の感覚も特筆すべきだと思います。実際に、時代の流れの中でこんなことがあったそうです。

都内のある私立高校の生徒たちがいわゆる「学ラン」を着て応援をする。その学校の制服がもともと「学ラン」なのです。学校をあげて応援に行こう！　そのとき「学ランは威圧的だから、応援には着用しないように」と指示が出た。ウソのような本当の話です。また「ホームランを打ったあとにバンザイをしてはいけない」というような指導もあったと聞きます。もちろん相手に対しての侮蔑的な行為はどんなときでも問題でしょうが、自分の喜びとしての自己表現を、打たれた相手ピッチャーに対しての思いやりのなさと考えていたのでしょう。

結局、高校野球は「スポーツとして純粋に野球をする」のではなく、野球というスポーツを通して「精神的な教育」を進めたいと考える人たちによってコントロールされているということなのでしょう。そのために、こうした新しい規制がつくられていくわけです。

誤解を恐れずにいえば〝やらされている〟野球、あるいはスポーツ。先ほどからの話でいえば強靭な「教わり家」を育成するために行われているとも受け取れます。高校野球に限らず学生スポーツに不祥事が絶えないのは、「自分たちのために、自分で決めてやれていないからだ」と私は考えます。時代とともに、業種とともに運動部の学生の就職状態が変わることともつながっているのでしょうか。

言うまでもなく、自分で自分を育てるマインドセット（気概）が「学び家」には必要です。高校球児に対する〝規制の多い野球〟に取り込まれれば、「学び家」を育てることは難しいでしょう。その中で、多くの中高一貫の私学はチャレンジしています。最近話題になった開成高校野球部のルポルタージュ（『「弱くても勝てます」開成高校野球部のセオリー』高橋秀実著、新潮社）には面白くも納得してしまいました。強豪校のスーパー高校生たちに自分たちが勝てるとしたらこんな方法しかないと、とても短い練習時間のなかで工夫しているのです。

たとえば「仲間って何だろう」ということ自体、教わることではなくて「学んで」いくもの。自分が仲間としての関係をつくれているのかと悩むときがあって当たり前。ところが現実には学校が「クラスのみんなは仲間です」「仲間というのは、こういうものですよ」「仲間を大切にしましょう」と教えてしまっているのです。

子ども達にしてみれば、さまざまな体験を通じて自分で感じ取った「仲間感覚」の関係ではなく、与えられた仲間。そのため高校野球で不祥事が起きるように、関係をつくることが面倒くさいと感じるときなどには「仲間はずれ」も起きてしまうでしょう。そこで慌てて「クラスの仲間なんだからみんなで仲良くしましょう！」という掛け声が大きくなる。

学校というシステムの中には「学び家」ではなく「教わり家」を育てるための〝仕掛け〟が張りめぐらされているといっても過言ではないと思うのです。

3 「学び家」が仲間を持つ意味

先ほど「答えを渡さないで！」と訴える子ども達がいることをご紹介しました。テストを受ければ「解答」が用意されていることはわかっているのですが、あえて「答えがあると、じゃまっけ！」とまで言うのです。

では、無条件で「必要がない」のかといえば、決してそうではありません。解答を「見る、見ない」について、実に冷静に考えています。子ども達が言うには、

■テストのあとですぐに解答を見る
・「なぜ間違えたのか、なぜできなかったのかは考えることができる」
・一方で「解答（アンサーガイド）を見てしまうと、もうその答えにいくためにしか考えなくなっちゃう」

――なるほど。それが実感なのでしょう。

■解答は見ない。仲間同士でふり返る

・「（友だちの考え方という）不確実なものに、自分の出した答えを重ね合わせてみることになるから、考え続けることができる」

・「先生の教え方もいい。でも、友だちとのほうが、同じ子ども同士だし……」

――答えを渡されてしまうと、どうしてもそれに縛られてしまう。そうではなく、自分が納得いくまで考えたいという「学び家」の姿勢ですね！

答えとの関係と同時に、ここで注目したいのは友だち、仲間の存在です。

「教科書に書いてあることや先生に言われたことは疑わない、考えない。友だちの言ったことは間違っているかもしれないから考え続ける」と、子ども達は言います。

「学び家」が仲間を持つ意味、あるいは仲間を持つことによって起きるすごいこと――。私は次の2つが特に重要なポイントと考えています。

ひとつは、「不確実なものを重ね合わせていく喜び」を味わえることです。テストの解答や先生の言葉など〝確実なもの〟をすぐに求めるのではなく、お互いの考え方や意見など〝不確実なもの〟同士を重ね合わせて考え続ける、共に何かをつくっていく――。こうした主体的な「学び」は、仲間がいて初めて実現できることです。

そして、もうひとつは「身近なサポート、援助を求め得られる」ということ。〝縦関係〟の中では、先ほどの「一流百貨店の保証」のようなサポートや援助がしっかりしていると思います。しかし、それはあくまでも決まったとき、決まった形で受けるサポート、援助ということになると思います。

その点、仲間によるサポートや援助は〝しっかりした保証〟という面では不確実かもしれません。しかし、仲間同士でサポートし、援助し合う状況を自由につくれる点は、子ども達が自分を育てる上で大きなメリットだと思うのです。

「学び家」だからといって、いつでも〝強い〟わけではありません。そんなときに仲間がいれば、「あいつ、一生懸命に頑張っているなぁ。僕も頑張ろう！」と、気持ちを切り替えるきっかけになってくれるでしょう。

同時に、困った仲間をサポート、援助するという役割を自分が担うこともできるのです。この「サポートする」ことで得る学びは、他に比較するものがないくらい大きな経験となります。

先ほどもご紹介した２０１４年の「合格インタビュー」の中から、仲間によるサポートの様子のわかるものを引用してみましょう。

「私は今までひとつのことを見てしまうと、他のものが見えないで、そのままずっと突き進んでいってしまうタイプだったんですけど、でも、みんなからの意見を聞くことによって、いろんな視点があるから、いろんな考え方でモノを見れるようになりました」

多様な視点を提供してもらった――というわけですね。

「友だちとだったら途中で『えっ？　でも、そこはどうなのよ』って突っ込んで、そしたらまた相手もちょっと考えて返してくれるっていう。そこが、ただ解説を読むのと、友だちと話し合うところの違いだと思います」
友だちとの対話の中から、お互いに新しいことを発見しているのです。

献身や貢献というと、自分がガマンしたり自分の中にあるものが〝出ていってしまう〟ように感じたりするかもしれません。それが物質的な貢献なら、確かに自分の手元からなくなります。しかし、仲間同士でサポートする「学び家」としての貢献であれば、すればするほど自分自身の内面が豊かになっていくのです。これは「教わり家」が、「ねえ、ノート写させて」と言って自分の持ち分だけを増やすのとは明らかに〝次元が違う〟話です。
第2章で「この国は規制だらけ」というお話をしました。言い換えれば規制によって「これが正解だよ！」と決められ、渡されてしまうのと同じですね。疑問を差し挟む余地は、与えられません。〝仲間〟として支え合いながら「考え続ける」のではなく、答えを渡すことによって「疑うな」「考えるな」と言っていることになるのです。こうしたことが繰り返されるうちに、いろいろな出来事に対して疑問を感じなくなっている「教わり家」さんたちが増えているようです。

4 ラーニング・コモンズというスタイル

ファミレスやファーストフード店の一角で制服姿の中学生、高校生たちが教科書を広げてワイワイとやっている――。最近では、地方都市の駅の待合室などでも、こうした学生、生徒たちの姿をよく見かけます。私を含め〝一時代前〟の日本人たちは「お勉強は一人静かにするもの」という考え方、価値観を持っていましたが、だいぶ様子が違いますね。

こうした新しい「学びのスタイル」について、「ラーニング・コモンズ」というキーワードが使われることがあります。コモンズは「共有のスペース」という意味で、直訳すれば「共に学ぶスペース」。一人で黙々と勉強する〝昔ながら〟のスタイルではなく、多様な仲間と共に学ぶという考え方です。

もともと米国の学校で始まったもので、日本では大学の図書館教育などから見かけるようになった新しい動きです。複数の学校でいろいろなタイプの「ラーニング・コモンズ」が整備され始めていて、広いテーブルやいす、ホワイトボード、電子黒板などのＩＴ機器が導入されているところもあれば、飲食のサポートをしているところもあります。

文部科学省のホームページには、こんな用語解説が掲載されています。一部を引用してご紹介しましょう。

複数の学生が集まって、電子情報も印刷物も含めた様々な情報資源から得られる情報を用いて議論を進めていく学習スタイルを可能にする「場」を提供するもの。その際、コンピュータ設備や印刷物を提供するだけでなく、それらを使った学生の自学自習を支援する図書館職員によるサービスも提供する。

ここでは、単に「場」だけではなく、人的なサービスも同時に提供するものとされています。人的なサポートがなければならない？　文字化されたものが時代についていくのは大変ですね。

以前の学校にはこうした「考え方」そのものがありませんでした。図書館や自習室といえば、伝統的にひとりで静かに本を読んだり、調べものをしたりという場所。そこに仲間と一緒に情報交換やディスカッションをしたり、互いの考え方をプレゼンテーションし合ったりしながら、共に学ぶというスタイルが広まってきているのです。図書館スペースにその機能が加わるだけでなく、新たに「ラーニング・コモンズ」として初めから設計された施設やスペースも出てきています。

こうした「学び」のスタイルが日本にも導入され始めたのは2000年頃から。小・中学校の成績評価が「相対評価」から「絶対評価」へと変わったのと、ほぼ同じタイミングだったのは、なかなか興味深いことだと思っています。なぜなら相対評価バリバリの中で育ってきた〃一時代前〃の世代にとっては、いまだに「教えっこしたら、できる子が損してしまう！」という感覚すら抜けきらずに残っているからです。

ラーニング・コモンズの登場によって「学び」の環境が大きく変わりつつあることは、大いに歓迎したいと思っています。しかし、その一方で注意していくべき点にも気づきます。それは、「はい、これがラーニング・コモンズです！」というつくり方をするため、「提供されるカタチ」が固定化されてしまうケースがあることです。

先日、某旧国立大学（今は、国立大学法人ですね）のラーニング・コモンズを見学する機会がありました。

「実際の使い方を考えて、利便性を重視しました」

という説明とはウラハラで、実に〝窮屈そう〟な印象だったのです。

利用する人が使いたいように使えるのではなく、たとえば「4名以上はこちらで、2名だったらこちらで」という具合に指示されてしまう――。

使用する人数だけでなく、そもそも固定されていて動かせないテーブルがある。使用する目的でエリアが決まっている。使用時間も決まっている。使ったら原状復帰がお約束。気がつけば、どこからかマナーとルールが押し寄せてくるというパターンなのですね。

これでは「結局、学生は使いやすいファミレスへ行くのではないか」と、部外者ながら少々心配になりました（税金を納めているのですから、まったくの部外者ではないですね！）。

ちなみに世界的なＩＴ企業、米国のグーグル本社は「ラーニング・コモンズだらけだ」と、聞いたことがあります。各所に大量のホワイトボードが設置されているだけではなく、飲みものなども無料だそうです。「考えることは動的な行為なんだ！」という主張を感じます。こうした先駆的な取り組みには、学ぶところが多々あると思います。

子どもを連れたお母さんたちが集まる「公園」も、ラーニング・コモンズに近い状態といえるかもしれませんね。子ども達は、お友だちと遊びながらいろいろなことを体験し、学んでいきます。同時にお母さんたちにとっても、子育てについての情報交換や相談の場であり、学びの場でもあるのです。

現実には大人同士で起きる人間関係の問題など、いろいろと大変なことも多いと聞きます。しかし、それに左右されることなく、子ども達がこうした体験の「場」を積極的に経験していれば、将来の「共に学ぶ」ということの大切さやラーニング・コモンズへの理解につながると考えています。

5 ラーニング・コモンズをめぐる「オンとオフ」の話

「学び」の新しいスタイルとして「ラーニング・コモンズ」について触れてきました。１９９０年代以降になって盛んに取り入れられるようになった、ラーニング・コモンズのように誰かの〝横〟で勉強するスタイルは、一般的に「学習効果が高い」とされています。具体的にどういうメリットあるいはデメリットがあるのか、今まさに研究が進みつつあります。

この本を手に取っていただいている皆さんの時代は、学校の評価も現在の「絶対評価」ではなく「相対評価」だった――という方が多いことと思います。

放課後、友だちとファーストフード店に集まって一緒に勉強するよりも、「先輩から手に入れた過去問をもとにヤマを張ったら、自分だけ良い点を取れるけれど、教えちゃったら皆が良い成績を取れてしまう！」という〝気分〟のほうが勝っていたかもしれません。

ベビーブームといわれ、子どもの数が激増していた高度成長期には「相手を押しのけなければ自分が勝てない」という競争圧力の高い状況がありました。「自分が勝てば相手は負ける（win-lose）」という価値観が主流だったわけです。当時の感覚でいえば、ラーニング・コモンズのように誰かと一緒に学ぶことは、敵に手の内を見せること――。明らかに〝損〟な行動だったのです。

では、今はこうした損得勘定がいっさいないのかといえば、そうではありません。損得勘定の中身が「自分だけが得をしたい」から「みんなで得をする（win-win）」へと変わったのです。

ここで「学び」と「知識」について、学ぶスタイルという側面から考えてみましょう。

まずは学びとは単体で存在している知識を自分ひとりでできるだけたくさん獲得していくことであり、知識は学習者にとって征服する対象であるとします。この発想ですと、自分ひとりで知識を頭に詰め込んでいくことになります。その結果、さまざまな暗記法（韻を踏んだり、別の言葉と組み合わせたり）が生まれてきました。この場合の「知識」とは静的、すでに決まっていて動かない、変わらないもの。「この世界にあるすべての本を読んだ」などと量を誇ることができた時代もありました。しかし現実には、自分の外側の世界には知識があふれていて、そのすべてを知る、自分の中に取り込むことは不可能です。

次に、知識は覚えるものではなく使うものという見方をもって見ていきます。知識はさまざまに組み合わせることで、新たな価値が生まれてきます。使うことで、知識がつながることで、新しい関係や側面が生まれどんどん広がっていきます。ラーニング・コモンズのような学び方であれば、自分と仲間、双方のアタマを結ぶ知識のネットワークが構築されていきます。新しい知識とも、このネットワークとつながる形で出会うことになるのです。このときの「知識」とは動的なものです。

「知識」について静的、動的という見方をしてきましたが、ラーニング・コモンズでの「学び」は、仲間とつながり刺激し合う、まさに「動的なもの」です。このラーニング・コモンズの「学び」の特徴をとらえる手がかりとして、次に「オンとオフ」という切り口に注目してみたいと思います。

ごく普通に「オンとオフ」といえば、最初に浮かぶのは家電製品のスイッチでしょうか。「仕事がある日と休日」というような使われ方もありますね。こうした「オンとオフ」は、小・中・高など学校では毎日繰り返されていることです。時間割があって、科目の時間はオン、休み時間はオフ。チャイムに区切られた、とてもわかりやすいオンとオフがあるわけです。

ラーニング・コモンズの特徴のひとつとして、「こういった従来型のオンとオフがない」をあげることができます。雑談と真剣な論議はいつでも瞬時に入れ替わります。つまり「学んでいる時間」と「休み時間」の区別がそもそもあいまい――ということです。

その昔、「大学の研究室を選ぶポイント」についてアドバイスを受けたことがあります。それはひと言でいうと「コーヒータイムの話題で決めろ」ということでした。

大学や大学院など「高等教育」と呼ばれるところでは、学生達は日々「答えのない学び」を続けます。すると当然のことながら〝生身〟の人間、疲れてしまう。さて一休み、となるわけですが、そこで何が話題になるのか。コーヒーの時間に競馬や麻雀の話をしているところと、コーヒーを飲んでいる時間にも研究内容について仲間と話をしているところ、どちらを選ぶのか――。

「たとえリラックスしている時間であっても、テーマ周辺の話をしているところを選びなさい」と、言われたことを覚えています。

学び家にとっては、自分の関心ごとや思っていることなど研究領域の周辺にある軽い話題や、別の探究テーマをテーブルにのせてワイワイやっている、そんな〝ゆるい形のオン〟がオフにあたるのです。

仲間同士で常に研究テーマについて自由に話せる「場」であること。これは、その研究室がまさに「ラーニング・コモンズ」（共に学ぶスペース）と呼ぶべき状態にあることなのです。

子ども達のファミレスやファーストフード店での勉強については、「結局ダべっているだけでは？」という批判もあるでしょう。もちろん、そこにいる時間すべてで数学や英語の話をしているわけではありません。大人が考える、集中している学びの時間ではありません。しかし、私はそれでいいと思っています。

教科について話している時間があることを認めるのか、それとも教科について話していない時間があることを非難するのか――。もしも、そこに行って「学びがない」と思えば、行かなければいいだけです。

「学び家」にとって仲間を持つことの重要性については、先ほどもお話ししたとおりです。特に「仲間って何だろう？」ということはとても大切なことは「教わる」のではなく、こうした共通の時間を過ごす体験を通じて「学んで」いくことです。子ども達が「仲間と学ぶ」感覚を身につけられるか否かは、「学び家」としてだけではなく、長い人生を生きていく上でとても大きな差になっていくと私は思います。

第4章

新しい組み合わせが生み出すもの

1 カツオの刺身にマヨネーズという発想

第3章では「学《まな》び家《か》になる」とは、どういうことなのかについて、「仲間」や「つながり」などの切り口から考えてきました。ここからは角度を変えて「新しい組み合わせ」や「受け止め方」という視点から眺めてみることにしましょう。

カツオの刺身といえば、皆さんはどんな食べ方を思い浮かべますか。しょうが醤油、にんにく醤油、あるいはポン酢ににんにくのスライスという方もいらっしゃるでしょう。

では、「マヨネーズ醤油」という方は……?

実はこれ、人気グルメマンガ『美味しんぼ』に出てきたエピソードです。「料理人が指定した〝以外〟の食べ方」ができるかどうか、主人公がチャレンジする場面。一見、あり得ないものに思えた「カツオの刺身×マヨネーズ醤油」という組み合わせでしたが、実際にやってみると皆が「おいしい」と絶賛するストーリーです。

同じマンガには、フレンチの名店が通常は「カモ肉×カモの血を使ったソース」という組み合わせで供するものを、「わさび醤油」で食べるというシーンも登場します。

これがまさに「学び」であり、「学び家」の姿勢ではないかと私は思います。

カツオの刺身をしょうが醤油で、あるいは、カモ肉をカモの血を使ったソースで。これらはいわば「伝統」をそのままいただくわけで、それは大事なことです。一方、カツオにマヨネーズ醤油を、カモ肉にはわさび醤油で、というこちらは伝統ではなく、自分にとっての「味」そのものを追求する挑戦。そこには常に革新が生まれていきます。「伝統」を大切にしながら、だからといって安易に〝鵜呑み〟にしない姿勢こそが「学び家」には必要なのだと思います。

この〝鵜呑み〟にしない姿勢について考えていただくきっかけとなる出来事が、ある学校で起きました。

小学校では定期的に「学習発表会」のような催しが開かれます。クラスの発表を何にするのか。子ども達にとっては、とても重要なことです。

いつもならば「先生が提示したものに決める」あるいは「合唱、演劇はじめいくつかの選択肢の中から投票」などの方法で〝出し物〟を決めるのですが、この年は子ども達からこんなアイデアが出たのだそうです。

「みんなの希望がかなうように、〝○○をやりたい人〟がクラスに関係なく集まって発表する！」

クラスという壁を超える発想が子ども達（4年生）から出てくるとは……。クラスという集団を、学年という集団に変える発想が出てくる、この話には率直に驚き、感動しました。子ども達の「やりたい！」が大人を動かし、演劇、合唱、ダンスや運動など多様な形での発表が実現したのです。

「自分がやりたい」だけでは、わがままと言われ、大人の管理を崩すことはできなかったでしょうが、このケースでは「お父さんお母さんに、自分の成長した姿を見せたい」という強い、ある種〝利他的〟な思いの裏付けがあり、それが実現に結びつくエネルギーになったようです。

このエピソードのように「やりたい」で始めるのか、あるいは前例や先生の指示、「〜するべき」から始まるのか――。「学び家」になるためのヒントは、こんなところにもあるのです。

「アイデアとは既存の要素の新しい組み合わせ以外の何ものでもない」とは、ビジネスパーソンや大学生の間で長く読み継がれている『アイデアのつくり方』（ジェームス・W・ヤング著、阪急コミュニケーションズ）という本の中で紹介されている、とても有名なフレーズです。

考えてみれば「カツオ×マヨネーズ醤油」にしても「カモ肉×わさび醤油」にしても、まさにこの既存の要素を使った新しい組み合わせ。こうした発想も「学び家」について考えるきっかけになりそうですね。

ちなみに、「カツオの刺身×マヨネーズ醤油」というアイデアはそもそもどこで生まれたかというと（マンガの原作者により設定されたものですが）、カツオ漁船の漁師さんの小さな〝失敗〟だったようです。食べていたカツオの刺身をサラダのお皿に落としてしまい、偶然にもマヨネーズがついてしまう。これを食べてみたら意外にもおいしかった……。

失敗、あるいはハプニングの中から新しいアイデアが生まれる〝示唆〟（アドバイス）と受け取ることができそうです。

だから失敗をしましょう！　では無責任と言われてしまいます。失敗も、うまくいったらしいも、経験のひとつ。そこから次への何が学べるのか。伝統の味も知り、大切にしながらも新しい味にもチャレンジし、認める。伝統と革新が共にある。これも「学び家」の要素のひとつなのです。

劇ステージ
僕らの合唱
ダンス

2 物事は一度疑ってみる

教科書を使って学ぶ方法には、次の2つが考えられます。

ひとつは、「覚える」。書いてある中身にマーカーで印をつけながら半ば機械的に覚えていく方法、いわゆる「マル暗記」といわれるやり方です。

もうひとつは、「理解する」。書かれている内容を構造化したり汎化《はんか》したりしながら学んでいく方法。たとえば、植物の光合成であればその仕組みや影響、水の循環であれば水の性質やその条件といった全体像を「構造」や「成り立ち」に目を向けながら学んでいくという方法です。

前者が「教わり家」的な行動パターン、後者が「学び家」的な方法といえます。

世の中の「もの」や「こと」には、すべて構造があります。建物の構造、会社組織の構造、もしくは人体、細胞なども構造そのものです。物事を理解しようとしたり、活用できる知識として取り入れようとしたりするときには、この「構造」をつかむことが重要。具体的には、物事の背景や成り立ち、全体の仕組みを理解するということです。

こうしたテーマ（＝認知科学や認知心理学）を専門に研究している人によれば、構造や成り立ちがはっきりわかるようになっているものは、たとえ量が多くても覚えやすい。反対に、量が少なくても構造がわからないものは覚えづらいといいます。

知識はネットワーク化しながら増やしていくもので、そのネットワークがつくりやすいように工夫されているものは、量が多くても覚えやすい。一方、たとえば電話番号など意味のないものは覚えにくいというのです。

ネットワーク化の中で増える知識とは、たとえば「漢字は〝へんの意味〟、〝つくりの意味〟を理解するとつながりやすい」「英単語は接頭語（例：un-は〝反対〟、re-は〝再び〟）を理解すると覚えやすい」で、イメージしてみてください――。それぞれを無視してただ〝やみくも〟に覚えようとするよりも、「へんやつくり」あるいは「接頭語」の意味を考えて一般化し、それにあてはまらないいくつかの特殊を整理するほうがはるかに実用的ですよね！

反対に、提示されたものを提示されたままのカタチで覚えていく。これはとても骨の折れるやり方です。同じ漢字を何回も書くなど、つまり、覚えるもの、受け入れるものに対して、それに見合う量の時間・労力がかかり続けます。

そこで登場するのが、語呂合わせ。意味のないものに〝意味を与え〟て、覚えやすくする工夫、覚えるための技術です。

当初はこの語呂合わせが威力を発揮します。「一つのものを覚えるのに、０・７くらいの力で済む」からです。ところが、たとえば歴史上の出来事の「年号」に加え、前後の関係や歴史的な必然性、海外の動きも影響してくると……。覚える対象の量は幾何級数的に増えていきます。

最初は語呂合わせで調子よく「０・７」で覚えていた子どもが、構造という全体を覚えるために「１００以上の力が必要」になり、さらにそれを継続しないと記憶を再現できないような事態に陥ります。

一方、全体の構造を理解しながら覚えるという手間をかけてきた子どもは、出来事と出来事のつながり方を関係でとらえるという視点を持っているので、一つひとつの出来事と他の出来事との関係に目を向けてとらえることができる。つまり考えることができるようになり、その結果「常に覚えておく」という状態を維持しなくても済むようになります。「考えられれば、覚えなくていい！」のです。

ここで、私たち日能研が考える「学びのモデル」についてご紹介しておきましょう。それは、124ページの表にある「4つ」です。

「知識をただただ根性でアタマの中に記憶していく」＝「暗記（末端）」という学び方が、新たな知識と出会ったときに「へえ～、そうなんだ！」と感動したり、気持ちが動いたりする「記憶（先端の始まり）」の状態へと変化する。「これ、難しいなあ」や「う～ん、どうすればいい？」という戸惑いさえも楽しめるようになっていきます。

さらに、「なぜ？　どうしてなんだろう」で始まり、自分でたどれる記憶と「どのように考えるか」という技術・方法とが合わさって「学び（先端）」＝「先端の学びのモデル――**それは自分の選択!!**

記録＋　根性　→暗記 【気合い、ともかく、とりあえず】		（知識がいっぱいつまっているけれど、うまく使いこなせないアタマ）
記録＋　気持ち　→記憶 【わあ～、へえ～、そうなんだ！】		（いっぱいつまった知識をそのままなら再現できるアタマ）
記憶＋思考技法→学び 【論理的に考えられる、関係を把握して考えられる】		（知識をつなげたり変化させたりして使いこなせるよく動くアタマ）
学び＋　未知　→未来 【ワクワク、ドキドキ】		（未知や想定外を楽しむことができる、持続可能な未来をつくるアタマ）

学び」へと変容していきます。「根性で覚える」のが「教わり家」であるのに対して、知識と出会い、気持ちが動くようになる。さらに「自分で考える楽しさ」を体感する――というのが「学び家」なのです。

このように、与えられたものを〝素直〟に覚えよう、受け入れようとするのが「教わり家」の行動パターン（努力する、頑張る）だとすると、「学び家」は違います。提示されたものをそのまま受け入れはしません。「それって何？」「どうして？」と、問いを持ちながら向かい合います。そのためには感情の持つ力が必要です。面白い！　不思議！　なんでなんだろう？　それは否定ではないのですが、「そのまま」でもなく一度分解したり、あるいは背景を探ってみるなど、過程に手間をかけることになります。

するると、自分の中にもともとあったものとつながっていったり、ぶつかっていったり。さまざまなものと結びつけられ、引き合いながら吸収されていくわけです。

具体例をあげましょう。

たとえば、昆虫の分類をしていくとします。新しい昆虫を捕まえて「何の仲間だろう」と考えていくときには、それまでに獲得してきた分類の〝視点〟を生かすことを考えます。全体の形だったり、羽根の数だったり、さなぎが成虫になるなど変態の仕方といったようなところから、いろいろと類推していくわけです。

たとえば、水にモノを入れて溶かすとき、大きなかたまりのままよりも、細かく崩してあるもののほうが溶けやすい。なぜだろう――。このときには、人間の肺に〝肺胞〟がたくさんあったり、小腸に〝柔突起〟があったりするのは、表面積を増やすためだ、というすでに学んだ知識と結びつけて考えます。植物の根っこに細かい毛が生えているのも同じ理由と、次々につながっていきます。

こうして、一度分解したり背景を確認したりしながら自分の中にあるものと結びつけ、取り入れるようにすると、やがて50の内容を取り入れるのに50の時間がかからずにできるようになっていきます。当初は10のインプットのために10の時間がかかったとしても、20、30、40と段階が進むにつれて、かかる時間はむしろ減っていくのです。

冒頭で登場した「教科書を使って学ぶ」方法。先ほど「教わり家」と「学び家」という視点で見てきました。

では、あらためてどちらが「未来につながる方法」なのかと問われれば、誰がどう考えても、構造や成り立ちを理解していく「学び家」の方法に軍配が上がるでしょう。しかしながら、これがなかなか〝一筋縄ではいかない〟面もあるのです。

もうおわかりかもしれません。

「教科書に書いてあるとおり」に答えなければ点数が取れないテストにぶつかる、という現実もあるのです。このときばかりは、そのままのカタチで覚えておかないとマルにならないのですね。教科書を重視する考え方を前提にすれば、少しでも変えてしまうと「あ、これはちょっと違っちゃったね！」と、言われてしまうわけですから。

この「そのままのカタチで覚える」という方法も、小学校低学年のうちはあまり抵抗がないかもしれません。その頃は「覚えること」自体を気持ちよく感じる時期ですし、しかも覚える量がさほど多いわけでもありません。

それとは別に、前項で触れた「既存の要素の新しい組み合わせ」を見出し、知恵やアイデアを出そうとするのであれば、まずは背景や全体像（＝構造）に対する観察、理解が欠かせません。その上で個々の要素の新たな組み合わせを考える――というわけです。

3 「なんで?」が大切

前項では「小学校低学年のうちは〝そのままのカタチで覚える〟という方法にも、あまり抵抗がないかもしれない」と書きました。と同時に、その時期にこそ「なんで?」と一度立ち止まり、疑ってみるチカラを大切にすることが必要だと思います。

小さい頃から子ども達は、大人が許せば(……「許せば」という言い方は嫌いなのですが)、時と場所を問わずに「なんで?」という問いを繰り出してきます。その疑問を渡されて困ってしまったことが何度もありますよね。この子にどう説明したらよいのだろう? この説明をしても、わかるための前提を持ってないよなぁ。だいたい私もしっかりとは知らないし。そして、忙しいときでもいつでもお構いなしに「なんで？」が現れてくる。当然学校では、あまり歓迎されませんね。

なぜなのでしょう――。

学校では「みんな一緒に」が理想とされるからです。「なんで？」のひと声によって、想定した授業の流れから突如外れてしまうのは、教員にとっては大変な負担になります。だから「手はお膝、お口チャック！」というわけですね。

本来バラバラに出てくるはずの子ども達の「なんで？」をコントロールしていく、同じ方向に揃えていくのが教員の技とされています。みんなに同じ興味を持たせる、同じような疑問を引き出していく、なんとこれが「うまい授業」とされるわけです。

ある小学校の研究授業のワンシーンです。

それは1年生の国語の時間だったと思います。物語の山場を理解するところで、先生が子ども達にこう話しかけていました。

「はい、みんな、おいすの上に立って～」

「次は、手を伸ばして〜」

いすの上に立ち上がった子ども達は、いっせいに両腕を横一文字に広げます。

「は〜い。では、主人公の気持ちになって手を動かして〜」

すると今度は先生のマネをして、バタバタと鳥が羽ばたくようにいっせいに手を動かし始めます。全員が見事に同じ動作、実に見事な授業――。子ども達は先生の働きかけに応えながら〝同じ気持ち〟になっているかのようでした。

先生が誘いかけて子ども達を同じ気持ちに寄せていく。同じ気持ちになるから、同じような疑問を持つ。だから授業というパッケージで同じ気持ちを学ぶことができる。

「主人公はどんな気持ちかな?」

という問いかけに答える子ども達。同じ気持ちを違う言葉で表現している。これはすごい(?)教授力だと思いました。

と同時に、こんな疑問も浮かび上がってきます。

「1年生の段階からここまでパッケージ化された学びの中にいて、これから先どうなっていくのだろう?」

４年生以降、学ぶべき知識の量が増えていったときに、子ども達の中で動いている奔放ともいえる「疑問のエネルギー」がとても大切になってきます。「なぜだろう？」「どうしてだろう？」、想像したり広げたり、そんなエネルギーが満ちあふれている低学年のときに、それを使わない、疑問を論理や思考に結びつけるチャンスに出会わず、パッケージにしたがって動いていくことしか学べなければ、いつしか学ぶことがつまらないことになってしまうのではないでしょうか。

先生と子ども達、どちらも力を持っていることは間違いないのですが、こうした授業が果たして「新しい組み合わせ＝発見」を生み出すような応用力につながるのか、学び家が育っていくのか、と不安を感じたのです。

「同じ材料を使って、別のものをつくっていく力」（＝再構造化する力）は、子ども達が持続可能な未来をつくり、生きていく上で必要不可欠な力といっていいと思います。身につけた学力がそうしたチャンスを切り拓くことに結びつくかどうかがとても重要です。

一般的にテストは定型問題と応用問題に分けることができます。応用問題や難問といわれるような問題を考えるには、こうした奔放さにつながるような力が要求されるのです。

定型問題は出題し、採点する先生にとっては、得点や平均点のコントロールがしやすいというメリットがあります。定型問題でテストを作っている限りは、「だいたい何点取れるか」という設計がしやすいわけです。

ところが「新しい組み合わせをつくり出す力」を必要とする応用問題を組み入れた途端に、子どもが「何点取れそうか」がわからない、いわば想定しにくい未知数な部分が生まれてきてしまいます。その結果、テストの得点が予想より大幅に下がってしまう事態が起きると、保護者からクレームがきて大変なことになるわけです。

そのため公立学校は、定型的な問題、つまり「新しい組み合わせをつくり出す力」を必要としない問いを中心にテストを設計、実施したいと考えるのでしょう。

こうした意図のもとにつくられているテスト、学習を通じて子ども達が身につけていくものは、言うまでもなく「教わり家」的な知識や経験です。単に同じものを間違えることなく再現するだけ、それらは「再構造化する力」を必要としてはいません。ですから、未来につながる今をつくりたければ、私たちは子ども達の「新しい組み合わせをつくり出す力」、すなわち「再構造化する力」を意識しながら「学び家」を育てていく必要があるのです。

4 同じ材料の新しい組み合わせを考える

新しい組み合わせを生み出す力、同じ材料を使って別のものをつくっていく力、すなわち「再構造化する力」が子ども達にとって大切だ――と、述べてきました。「応用問題を考える力」といえば、もっとわかりやすいかもしれませんね。

ここでは、まず「再構造化」という少々〝取っつきづらい〟言葉について整理しておくことにしましょう。

すでにあるものを使って〝新しい組み合わせ〟をつくり出そうとすることを「再構造化」と呼びます。新発見とは違う意味で使っていることはおわかりでしょう。

新しい組み合わせをつくり出すためには、まずその要素となる「世の中にあるもの」「多くの人が知っているもの」、いわゆる「先人の知恵」に出会う段階が必要です。ここまでは「教わり家」も「学び家」も、同じです。

違いが出てくるのは、その直後から。周囲がどう反応するかによって、出会ったものの受け止め方が異なってくるのです。

子ども達が先人の知恵に触れ、それを感動を持って語ったときに、ある子どもは周囲から「そんなもの、誰でも知っていることでしょ」とか「それは○○に書いてあることです」などと言われてしまうとしましょう。「記録＋気持ち→記憶」という学びの重要な部分、「自分が発見する」「自分がつくる」「自分がやる」といったような意欲をどんどん削がれてしまいますね。これでは子どもを「教わり家」にしてしまいます。そればかりか（少々大げさかもしれませんが）、その子が人類の未来にとってとても大きな発見をするかもしれない可能性そのものを奪ってしまうことにもつながりかねません。

一方、「これ、すごい！」と語る子どもの気持ちをそのまま「すごいね！」と周囲が受け入れる。すると、その子は、それが世間にとって本当にすごいかどうか、他人がどう評価しようと関係ない！　という姿勢で臨むことができるようになっていきます。「自分が気づく」「自分がつくる」「自分が納得する」を繰り返していく――。知識がネットワーク化されて自分の中につくられていく。これが「学び家」の態度であることは明らかですね。そして「記憶＋思考技法→学び」が動いてくるのです。

結局のところ「教わり家」になるか「学び家」になるかの分かれ目のひとつは、「子ども達を取り巻く環境」にあると私は思います。

米国に行った際、大学のＡＯ入試で合否判定にかかわる専門職員、アドミッション・オフィサーと話す機会がありました。今でも鮮明に記憶しているのは、「日本人の学生はあまり欲しくない」という、思わず落胆してしまうような発言です。「日本人は授業中には質問しません。授業が終わってから先生に個人的に質問するだけです。その質問がどんなにいい質問でも、これでは学生がその教室で学んでいる価値を生みません。質問は自分のためだけで、仲間と共に学んでいる意識がないのです！」

もちろん、そうでない日本人がたくさんいることも確かでしょう。しかし総じて、こうした傾向にあることも否定できないですね。

実際に面接では、こんな質問をするそうです。

「あなたを入学させると、私たちの大学にはどんな良いことがあるのですか？」

この問いにどんな「答え」を出せるのかが、やはりその人の学習観が見えるポイントになるのですね。実質的で具体的な返答ができる学生も少なからずいるそうですが、明確に答えられない受験生でも問いに向き合う姿勢を含め、判断するのだと言います。

ジョン・F・ケネディの有名な演説「国があなたに何ができるかではなく、あなたが国のために何ができるのか……」という発想が、今も生きているのだと感じます。

確かに日本の大人社会の中で、

「質問はないですか？」

と、投げかけてみても、反応が極めて鈍いのが普通です。

「本当に疑問はないのですか？　聞いているだけなんですか？　考えていないのですか？　声を出すのが恥ずかしいのですか？」

と、思わず聞いてみたくなるのですが、これも先ほどの「教わり家」の発想――「周囲にどう思われるか?」「これはわかっていて当たり前なのか?」「自分だけがわからないのは恥ずかしい」などを過度に意識させられている結果だと私は思っています。

一方、海外に出てみると、この投げかけに対して実にさまざまな反応が返ってきます。先ほどの「再構造化」でいえば、再構造化してアウトプットする前提で、自分が十分に納得して取り入れるための質問であったり、再構造化した結果生まれてきたものをアウトプットしたいということであったりと、とにかくバリエーションが豊かなのです。

自分のための質問しかしない、あるピンポイントについて尋ねるだけ。このやり方でも確かに、自分に不足しているものを補充することはできます。だからこそ「ため込むだけため込んで、アウトプットはどうなるのですか?」と、逆に〝質問〟してみたくなります。膨大な知識の蓄積があって、新しく聞いたことと元々の知識がつながった時でも質問などのカタチで外に向かって出てこないのです。

こちらからたとえば「これ、ご存じでしたか？」と水を向けると「知っています」で終わり。誰かがそれを引き出したら、引き出したことしか返ってこないのです。しかも、このタイプが声を出し始めると大変。質問をと発言をしながら、延々と持論を展開する。で、最後に「この意見についてどう思われますか？」がつけばまだ良いほうです。

このタイプの方と共同で作業をしているとします。すると、こちらの知識不足については「そんなことも知らないんだ」という態度をとられることが多いですね。大量のインプットの結果、知識の蓄積は豊富なのでしょう。

こちらが間違えたことは実に正しく指摘してくれるのですが、一緒に仕事をして何かを生み出していくワクワク感、ドキドキ感は持ちにくいのが正直なところです。

繰り返しになりますが、「再構造化する力」はとても大切だと私は思います。だからこそ何かを見つけたときに、それがすでに新しい発見でなくても「がっかりしない」ことも大切です。

こんな「笑い話」をご存じでしょうか？　どうやらマンガの世界の中での出来事のようなのですが――。

中学生の男の子が夜食を作ろうとキッチンへ。パンがあったので、ちょっと軟らかくしようと牛乳に浸けてみることに。「これってバターで焼いたらうまくね？」と、タマゴをといてかけ、フライパンへ……。

完成し「やったぁ！　俺って天才」と喜んでいたら、隣でお母さんがひと言。

「あら、フレンチトースト作ったの」

「ええっ、これってフレンチトーストっていうの？」……。

ここで「な～んだ、誰かもう作ってたんだ」ではなく、「そうか！　昔、誰かが頑張って作って名前がついているのと同じものを作れたんだ」と考えるようにしてはいかがでしょうか。

あら、
フレンチトースト
作ったの？
えらっ!!?
ひえぇ。
おれ
天才!?

5 「学び家」と再構造化について

「再構造化」というと、何やら〝堅苦しい〟ハナシのように感じてしまいますね。要は、何か新しいことを生むために、とても便利で、使える考え方だ——ということです。

特に「学び家」たちには、アイデアを生み、進む道を切り拓く手段のひとつとして、ぜひ意識的、積極的に再構造化に挑戦してほしいと思っています。

たとえば、小学生がこんな場面に直面したとしましょう。

学校から帰宅し、自宅（郊外の一戸建て）に入ろうとしたところ「カギ」を忘れたことに気づく。両親共に外出中で不在——。

こうした状況に置かれたときに「再構造化」するという考え方、行動パターンが身についていれば、問題を解決し前へ進んでいくことは、さほど難しくはないでしょう。子ども時代、実際にこの体験をした日能研スタッフのとった行動とは？

朝、出かけるときに「今日はいないから、カギを持っていきなさいね」と言われていました。ところが、忘れてしまったのです。このままだと怒られる。「だから言ったじゃない！」と言われてしまう。

家中の開いている可能性のある窓を調べてみても、すべてカギがかかっている。外で待つしかないけれど、どうすれば怒られないかを考え始めました。

考えた結果、庭に干してあった洗濯物が乾いていることを確かめ、たたむことにしたのです。物置からシートを持ってきて庭に広げて敷き、洗濯物をたたんで置いたら、また上からシートをかぶせました。これなら（叱られる前に！）「ここまでやっておいたよ」「待っている時間、ムダにしなかったよ」と言えそうです。

さらに時間があったので、植木の水やりもしておきました——。

なるほど。

再構造化をするためには、全体の構造がわかっている必要があります。この場合、カギを持っていれば家の中で誰かがやるはずだったことと、家の外でもできること、その全体像を理解した上で、順番を入れ替えた！　というわけです。子どもなりの、見事な再構造化だと思います。

さらに、再構造化のポイントを突き詰めていくと、真正面から「ぶつかる」あるいは「ぶつける」という言葉に行き着きます。１００のうち50だけ、自分の都合のいいところだけと向かい合うのではなく、１００ならば１００、ちゃんと出会わせる、ぶつけ合わせることで動き出すのです。

先ほどの例でいえば、「開いている窓はないか」とすべての窓を調べ、可能性を探ったという行動がこれにあたるでしょうか。日頃のお母さんの行動パターンを思い出したり、「今日は暑いから、どこかを開けてあるかもしれない」「でも、泥棒が入らないように工夫をしているはず」などと推理してみたり、いろいろと思いをめぐらせているわけです。

これが「教わり家」の子どもだったら、「カギがない、どうしよう……」と考えこみ、ドアの前で家族の帰りをひたすら待つしかできなかったのかもしれませんね。

ちなみに「友だちの家に行って遊びながら待つ」、という自分には都合の良い行為、これはどちらでしょうね？

この章の初めに「カツオの刺身×マヨネーズ醤油」という話をしました。食べる、味わうということも、対象となる食べものと私の中にあるすべての経験、知識、記憶が「ぶつかる」わけです。対象と自分自身がぶつかることによって、新しい組み合わせが生まれてくるのです。

ときには「これはダメだな」ということも起きるでしょう。

目の前にある「マグロの刺身」をおいしく食べようと考える。今日はたまたま「きな粉」があった。「きな粉をかけて食べてみたらどうだろう？」と、自分の中にある経験、知識、記憶が総動員され、目の前の食材と「ぶつかる」わけです。タンパク質とタンパク質の出会いについて「これは意外な取り合わせで、おいしいかもしれない」という結論にたどりついたとします。

ところが……。

結果は、口に入れてはみたものの「食感が……」「残念……（再構造化失敗！）」

ということだってあるのです。

こうした失敗は、むしろ歓迎すべきこと。トライすることそれ自体が素晴らしい！「食べ方はこれだけしかない」とか「この組み合わせ以外にはない」と決めつけてしまうより、いつかきっと豊かな未来をつくることにつながるでしょう。

野球のピッチャーがマウンドに立っているときに、「絶対に打たれたくない」と考えているのか、あるいはチームの守備を信頼して「相手のクセを探るため、ある程度は打たれることに意味がある」と考えているのかによって、「打たれたときの衝撃」は当然のことながら違いますよね。

絶対に打たれたくないと考えていればいるほど、ショックは大きいでしょう。一方、ある程度打たれることも計算の内と考えているならば、やっぱりいやだけど「想定内」ということになります。自分が前向きにいろいろなことを試せるのは、間違いなく後者のほうですね。

すでにあるものを組み合わせる、やってみる、新しい何かが生まれてくるかも

――。再構造化が〝板についてくる〟と、何かを「試してみる」ことに対するハードルが低くなります。つまり、うまくいかなくても落ち込まなくなるのです。

6 知って、手放すこと

幼児の行動を観察していると、意外なヒントをもらうことがあります。

2歳くらいの子がプラスチックでできたシャベルで遊んでいるところをしばらく眺めていたときのことです。上下を反対に持って柄のほうを砂の中に差してみたり、横を持って団扇のようにあおいでみたり――。まさに、いっさいの先入観を持たずにシャベルと〝対峙して〟いるのです。

先入観の〝塊〟のような大人であれば、「正しい使い方を教えてあげなきゃ！」という衝動に駆られるでしょう。が、その子にとっては、対象であるシャベルと、自分の中にある（その時点までの）すべての経験、知識、記憶をまさに「ぶつけ合っている」ところ。「知らない」を楽しんでいるところです。いわば幼いながら、かつ無意識のうちに、自分にとってシャベルの楽しい遊び方を自ら生み出す過程

にいるに違いありません（正しい使い方を知っている大人からすれば、ある種の再構造化ですね！）。

さて、先入観にじゃまされず、シャベルと戯れていた子が、近い将来「ダメ！これは、こう使うものなのよ」という〝親切な〟大人の助言を受けることになったとしましょう。そのほうが安全、あるいは壊してしまう危険が少ないなど、大人には大人の言い分があるのですが、そんなこととの繰り返しで少しずつその子の〝頭が固くなってしまう〟こともまた事実でしょう。決まった使い方として覚えれば覚えるほど、「カツオにマヨネーズ」という大胆な組み合わせを生み出しにくくなっていくのです。

先ほども「カツオの刺身×しょうが醤油」あるいは「カモ肉×カモの血を使ったソース」は、いわば「伝統」だ——という言い方をしたのですが、シャベルの正しい使い方もやはり伝統の一種ですね。できるだけ美しく効率良く土が掘れるような形状と扱い方が人類の歴史の中で選び抜かれ、今のところ〝あの形〟に落ち着いていているわけです。

決まった使い方にとらわれることと同様、物事を自分に都合よく解釈して受け取ってしまうことは、普段の生活でもよく起きることです。私たちには、自分の価値観の範囲でしか対象と向き合わないという面が、誰にも少なからずあるのです。

あるとき食事に立ち寄ったお店でこんな〝驚き〟がありました。お鍋のまま出てくる料理を頼み、しばらくして運ばれてきた鍋をよく見ると「取っ手がついているべき所に取っ手がない！」のです。お店の方はペンチのようなもので持ち上げて運んでいる。理由を尋ねたら「収納に便利」「テーブルの上でもじゃまにならない」と言うのですね。

私がなぜ驚いたのかといえば、自分の価値観でとらえようとしたからです。出会った物事を「テーブルで使うお鍋とはこういうモノだ」という自分の価値観のほうへ、どうしても引き寄せたくなるのです。それは、自分が安心できるからでもあるのでしょう。

一方、子どもには、まだ決まりきった価値観はありません。昨日と今日で価値観が変わるということも多々あるでしょう。その日その日に大切にしたいものがあったり、すぐに置き換えたり、ができます。気がつけば価値観と価値観の間を行き来している、そんな柔軟性を持っているのです。

もしも、鍋になじみのない小さい子どもが同じようにその「お鍋」を見たとしても、違和感を抱くこともなく、スンナリと受け入れられる――と、容易に想像がつきます。なぜなら、その子には、まだ「お鍋とはこういうモノ」という先入観ができ上がっていないからです。

この柔軟性は、大人もぜひ見習いたいところですね。

私たち大人一人ひとりが、

「果たして物事の背景などを正しくとらえようとしているだろうか」

「固定的な価値観に支配され、柔軟さを失ってはいないだろうか」……。

このような見直しを、ときどきしておいたほうが良さそうです。特にトラブルが起きたり、物事がうまく進まなかったりという場面では、こうした自問自答が解決策をもたらしてくれることがあるでしょう。

状況に応じた柔軟な価値観を持つことは、得てして「節操がない、カッコ悪い」

こととらえられがちですね。一家言持つプライドが許さないという面もあるのだと思います。しかし一方では「君子は豹変す」の言葉通り、状況が大きく変われば柔軟に方針転換を優先すべき場面が多々あるのも事実です。

「君子は豹変す」といえば、李健熙《イゴンヒ》サムスン電子会長の話は有名です。「妻と子ども以外はすべて変えろ」という大号令を発して企業の改革を実施。その後も経営哲学を10回くらい塗り替えているといわれます。

企業のトップは未来をつくっていくことが仕事で、過去の成功を積み重ねていくことではありません。その意味では「変わっていく」のが当たり前ですし、必要なことなのです。


今後、私たちは次のようなイメージで、物事と相対していくというのはいかがでしょう。

「自分の価値観の方向へ引き寄せたら、その都度手放していく」

自分に引き寄せることとイコール「ダメ」ではなく、「引き寄せて～手放して～引き寄せて～手放して」を繰り返す中で、「新しい何か」に気づいていけるのだと思います。

「手放す」ことが新たな発見につながる一例として、一冊の書籍をご紹介しましょう。『ティファニーのテーブルマナー』（W・ホービング著、鹿島出版会）。1969年に初版が発行され、今日まで読み継がれているロングセラーです。

もともと米国の宝飾店が顧客のために発行したものだけあって、伝統的なテーブルマナーがイラストとともに収められています。ページをめくるたびに「〜はいけません」「〜は滑稽です」など、細かい注意事項がたくさん書かれていて、まるで口うるさい年長者の〝小言〟を聞くような内容です。

ところが、本の最後にこんな文面が登場します。

「これで作法の心得がわかりましたから、作法を破ることができます。しかし、作法を破るには、十分社交知識の心得がいることを忘れないでください」……。

マナーを心得た上で（＝引き寄せる）、今度はそれを社交ルールに則りながら、その場に合わせてあえて破ってみることもできる（＝手放す）。著者は読者に対して「この本を読み終わったからには、自由にマナーと付き合っていかれる」と信頼しているに違いありません。

この「手放す」は、子どもとのやり取りの中でも生かすことができます。

よく子どもが「それ知ってる！」と言いますね。知っていることが増えてくると、「あ、それ知ってる！」と言うこと自体が得意になってくる時期もあるでしょう。ところが、この「知ってる」が増えてくるにつれて、たとえばシャベルの使い方のように「あれこれ試してみる」ことが逆に減ってきてしまう。同時に、そこから「考える」ことも減ってしまうのです。

そこで大切なのが、この「手放す」こと。すでに知っていることを「手放す」と、また新たな情報や方法を取り入れられる——という理屈です。

手放すには、何らかのきっかけが必要だ。そう思ったとき大人は、どんな声をかけているでしょう。

「違うやり方もあるから、考えなさい！」

などと言われれば、

「うるせえな〜。これでいいじゃねぇか」

という反発を生むケースが多いでしょう。

このときに有効なのは、「仲間」なのです。同じことでも仲間に言われれば、

「あ、そんなやり方もあるんだ」

「お前、そうやってるの？」

と、比較的スムーズに「手放す」ことにつながります。


子どもが「それ知ってる！」を連発してきたとしましょう。「知ってるだけ？それじゃダメなのよ」と言いたい気持ちは〝封印〟して、まずは「知っていること」を尊重し、認めるようにします。その上で「違う方法もある」（＝手放す）ことをていねいに伝えていってはいかがでしょう。

第5章

子どもを「学習習慣病」から守る方法

1 「オタク道」に学ぶ賢い手放し方

子ども達にとっての「学び」とは？　「学び家《まなびか》」と「教わり家」の違いとは？　そして「学び」を取り巻く状況は——などなど、今起きている事実を中心にお伝えしてきました。ここまで読んできた皆さんも〝思い悩み〟出したらいいなぁと、今思っています。いかがでしょうか。

ここから先は、本書で最もお伝えしたいことのひとつ、「学習習慣」とその周辺の話題に入っていきます。最初は「手放す」ことについて、違った角度から眺めてみましょう。

「好きなこと」だからといって、いつまでも手放さないでいると、人間誰でもあきてしまいます。普通は、同じことに夢中になっているようでも、自分自身が成

長する過程で昔のものを徐々に手放しているのです。

興味関心の中で、いちばんキラキラと光り輝いていたものも、時間の経過、すなわち自分自身の成長とともに、普通のものになっていきます（思い当たることは、ありませんか？）。たとえば「学び家」が学ぶ喜びに目覚め、仲間や友だちと切磋琢磨してきたキラキラ輝く時間、それさえも例外ではありません。やがて、ごく普通の光景として目に入ってくるのです。それを無理に保ち続けようとすると、あきてしまうことに加え、「新しいもの」が手に入らなくなってしまいます。

「手放す―手に入れる」を繰り返すことによって、キラキラ輝く新鮮さが続き、興味関心が続いていくのです。


では、「手放す」と言ったときに、私たち、子ども達はいったい「何を」手放しているのか――。

これにはいろいろな見方もあるでしょうが、私は「方法・技法」、いわばコツだと思っています。解き方や使い方といった「方法」を手放し、物事の本質や興味関心の対象など〝そのもの〟はずっと持ち続けているのです。

反対に「物事の本質や興味関心の対象」のほうを手放してしまったら、果たしてどうなるのでしょう。それは、手放すではなく「忘れる」だと私は思います。

世の中には、「キット」と呼ばれる便利な商品がいろいろと出回っています。たとえば「手芸キット」。必要な材料や作り方、上手に作るコツなどがひとつのパッケージに収められていますね。いわば「本質と方法」を便利なセットで提供してくれるもの——という見方ができるでしょう。

初めて買った「手芸キット」で、マニュアル通りに作品ができたとします。初心者であれば「わぁ、上手にできた！」と、それはうれしいですよね。そしてまた次のキットを買ってくる。またまた、成功。このあたりまでは、いいでしょう。肝心なのはその先です。

3度目、4度目と「手芸キット」を買い続けていくと、「与えられたもの」「準備されたもの」については上手になるでしょう。しかし、あるときに物足りなさを感じる人もいるはずです。本当に楽しもうと思えば、「何を作るか？」というところから〝自分で〟考えることが必要——。その上で、どんな材料・道具を使うかを考え、買い揃える。このプロセスが大切だと思うのです。

ホットケーキミックスを買って、箱の説明書きのとおりにホットケーキを作る。あるいは、水栽培のキットを買って、グラジオラスを育てる。これらは手芸キットと同様「本質と方法」の便利なセットを使った楽しみ方です。少々意地悪な言い方ですが、いかにも「教わり家」さんたちが喜びそうなものですね！

ところが便利な半面、大きな欠点も抱えています。それは「便利すぎる」こと。この便利さに慣れてしまうと、やがて「本質と方法」のセットしか受け入れられなくなってしまう。「どうやってやるの？」になる可能性が高いのです。

こうしたものに慣れきってしまうと、徐々に「方法を手放す」ことができなくなってしまいます。手放さないと深まらないですし、進化も進歩も起こりません。やはり「手放す」ことはとても大切なのです。

かなり以前ですが、「オタク度」を測る――という面白い話を聞いたことがあります。

モノづくりのオタクにも初級、中級、上級とあって、発売日に、

【オタク初級】例えば「ガンダム」の144分の1キットを1つ買ってきて、作り出すが最後まで詰められず挫折する。

【オタク中級】キットを買ってきて作る。もちろん完成し誇らしげに飾っておく。

【オタク上級】キットを2つ買う。1つはぐるぐる巻きに密閉して〝とっておく〟。1体を完成させ売って次の購入資金にする！　完成までのプロセスが自分の楽しみとして残っている。

上級者ともなると、発売からどのくらいの時間で完成度の高い「売りモノ」を作れるかで勝負するのだそうですが、これもある種の「手放す」ですね。「モノを持っている」ということへの執着を手放しているのだと思います。

オタクは止まらない！　「持つ」「作る」の段階から、次を買うための資金を得るという段階へ——。これが正しい「オタク道」。動いて、応用を利かせて、次へ次へと動き続ける。これができないのはオタク初級者なのだそうです。

なるほど、上級者になると上手に「手放している」といえるでしょう。手放さ

ないとコレクターへの道を進むばかりで、グレードの高いオタクにはなれないのです。

ちなみに、このような趣味の世界に情熱を傾けている人は、多くの場合「昔の栄光」の話はしないといいます。話すのはたいてい「今、熱中している」こと。そして「次はこんなことをしたい！」と、目を輝かせるのです。昔話をするのは、もうその趣味から撤退してしまった人でしょう。今が充実して楽しい人は、「昔はこんなことができた。こんなことをして楽しかった」とは言わないものです。

最初に「手放さないとあきる」と書きました。見てきたとおり、ひとつのことに打ち込める人は、やはり上手に手放しているのです。だから、何年たっても〝嬉々として〟続けていられるのだと思います。

「学ぶ」にしても、今イノベーションで話題の「選択と集中」が必要ですね。手放すものは手放していくことが「今」に集中する秘訣です。すべて暗記する、すべて抱え込むような方法は「手放す」の正反対。賢明なやり方とはいえません。選択し、見直し、決定し、手放すべきは手放しながら前へと進んでいきましょう。

2 習慣化された行動と意識的な行動

「日本を訪れる外国人旅行者の数が××××万人を超えました」というニュースがときどき流れます。その際に映し出される〝定番映像〟といえば浅草・雷門、そして外国人観光客が慣れない手つきで箸と格闘する食事風景——。

私たちがほぼ毎日、無意識に使っている「箸」について考えるところから、「習慣」について見ていくことにしましょう。

外国の方々とは違って、私たちが普段、箸を使うときに「使い方」をいちいち意識しないですね。では、まだ箸が上手に使えない〝子ども時代のあなた〟はどうだったでしょう。箸を使えるようになるには、外国人と同じように意識して支え（持ち）、意識して指を動かす必要があったはずです。

このように、最初は意識的だった行動を何度も繰り返すことによって、意識せずできるように変化していくこと——。なぜだか無意識にできるようになったことを象徴的にとらえ、「習慣」と言い換えられているようです。

一般に「習慣を身につける」という言葉が使われやすいのは、対象となる子どもの幼児期から小学校低学年の間です。大人たちが自分にとって都合がいいようにしたい、手がかからないようにしたいと思っているからでしょう。良い意味でとらえれば、ある種の「社会化の手段」。子どもを世の中のルールに無理なく順応させていく方法のひとつといえそうです。

たとえば「歯磨き習慣」という言葉がありますね。私自身は「習慣」で歯磨きはしません。その日の食事の内容によって、磨き方が変わるからです。年をとったせいで、隙間が増えているのでしょう。挟まり潜りこむモノたちの形も量も違っているのです。毎回、自分の歯の様子を見ながらブラッシングの方法を工夫しないと満足に磨けません。いつのまにか数種類の歯ブラシが手もとに集まってしまいました。

or

習慣化した歯磨きも、もちろん「まったく磨かない」よりはマシだと思われがちです。が、それで本当に効果的に磨けているかといえば、実際は「磨いていない」ほうに近いのではないでしょうか。

本来は食べかすや歯垢除去のために磨くわけですが、習慣化してただ漫然と磨くだけでは、磨いているという安心感からかえって「虫歯をつくってしまう」原因にもなりかねません。

手を洗うときも同じですね。インフルエンザやノロウイルスの感染を防ごうと思えば、意識してしっかりと洗う必要があるわけです。いい加減な洗い方、習慣としての手洗いで安心してしまうと、これも逆効果になりかねません。

すべて「習慣」と呼ばれているものは、時に意識化しないとその目的や本質から離れていってしまうものなのです。

肝心の「学習習慣」は、どうでしょう。

たとえば子どもが学校や塾から帰宅後「毎日30分、机に向かう」という状態をつくれたとします。日によって時間がバラバラではなく、きっちり30分、しかも毎日であれば、きっとそれは「習慣」と呼ばれるでしょう。

もし、その子が5分でトイレに行っちゃう、あるいは10分であきちゃう、15分でゲームを始めちゃう――というような状況であれば、大人は「せめて30分は机の前に座らせたい。まずは、それを習慣にさせたい」と考えることでしょう。

歯磨きにしても学習にしても、「たとえ習慣でも何でも、とにかくやることが大事、机に向かうことが大事。やってくれさえすればいい」と、皆さんもお考えかもしれません。

特に学習については「なぜ必要なのだろう」と悩んだり考えたりする前に、「まずやるものなんだ、で始めてほしい！」という具合。意識的に自分からやるのは、その後についてくるもの。「まずはとにかく始めてみて！」「習うより慣れろだ（＝習慣）」が、多くの方の「本音」ではないでしょうか。

では、（きっと親の願いが届いたのでしょう）机に向かう習慣がついたとします。しかし、それはいつまで続くのでしょうか。子どもが成長して「自我意識」が生まれたとき、残念ながら崩れていくのではないかと私は思います。

その段階で止めてしまう子は、止めてしまうでしょう。それでも、まだ怒られたくない気持ちが強い時期であれば、今度は「どうやってその時間をやり過ごすか」に気持ちがいってしまうと思います。勉強しているように見せておいて、実は音楽を聴いているだけとか、絵を描いているとか、教科書にマンガ本を挟んでいるとか。自我が芽生えれば芽生えるほど「形だけ」になって、中身がなくなってしまう危険性が高いのです。

ところが、大人の目から見えるのは、ちゃんと机に向かっているわが子の後ろ姿（！）。それで安心してしまうわけですね。子どものほうも、「うまいことを言ってその場を切り抜ける」ような発想をしがちになってしまいます。

この項の最初に「お箸」の話をしましたね。もしも、「間違った箸の使い方」を習慣として身につけてしまったとすると、正しい使い方に直すのはとても大変です。なぜなら、無意識のうちに動かせるように〝染みついて〟しまっているからです。

わかっていても直せない。どうしても直したいとしたら、右手ではなく左手で食べる（！）ことに挑戦してみてはいかがでしょうか。左手で美しく食べられるくらい意識化できたことで、なぜか右手も変化させられるようになる。それくらい一度「習慣化」したことは変えにくいものなのです。

これは、学習の習慣も同じです。「ただ机に向かっている後ろ姿を見せれば、親が安心する」という行動パターンが〝染みついて〟しまえば、それを変えていくことは簡単ではありません。

「学び」という本質が抜け落ち、机に向かうという「形式」だけが習慣化されてしまう――。毎日机の前に座るようになり、テキストも開くようになり、言われなくても宿題をやるようになり、親との口論も減るというメリットが生じたように見えるかもしれません。しかし、その子自身が「学び家」になっていく上でのデメリットは、想像以上に大きいのです。

知り合いに日本舞踊のお師匠さんがいます。見る人が皆、心を奪われてしまうような方で、常々「私は他の方と踊り方が違う」とおっしゃっていたので、詳しく聞いてみたことがあります。

「私は〝覚え〟が良くなくて……。なかなか体で覚えられないから、すべて〝次はこうよね、次はこうよね〟と意識して踊っているの」

なるほど。同じ動きだとしても、「意識している、いない」の違いは大きいと、感動したことを覚えています（ちなみに、脳のＣＴスキャンを撮られた際、運動を司るとされる「小脳」は普通よりも小さかったそうです）。

子ども達を見ていても、たとえば学校へ行くのも習慣化してくると、「はい８時になりました。学校へ行きました。チャイムが鳴ります〜キーンコーンカーンコーンで全部が進んでいきま〜す！」という具合で、あまり思考力を発揮しなくても、流れに乗れてしまう。ほとんど反射的に動いているようにも見えます。無思考な行動が習慣として認められてしまうと、その行動が意識的なものか、習慣化してしまったものか、外から見分けるのはなかなか困難です。「意識する、しない」「習慣化する、しない」は、人間の内面の問題。形式だけを追うようになったら、習慣を目的にするのは百害あって一利なし。子ども達だけではなく大人である皆さんも「しっかり意識した歯磨き」あたりから始めてみてはいかがでしょう。

3 個性と学習習慣は〝同居〟できない

チャップリンの映画『モダン・タイムス』の冒頭、工場のラインで延々同じ〝ネジ締め〟作業を行う主人公（チャップリン）が描かれているシーンがありました。次々にネジを締める作業が〝習慣化〟された結果、ラインを離れたときにもさまざまなものがネジに見えてしまい、ついには工場の上司の鼻を工具でひねってしまう――。このように、習慣化されたことを行っているとき、私たちはある種の「思考停止状態」に陥っているわけです。

「習慣」とは無思考です。「習慣」とは無批判でもあります。ですから、いつでも疑問を持ち続ける「学習」と思考停止状態（対象と対峙しない）の「習慣」はどうやってもマッチしません。この2つの言葉をセットにして使うことには、どだい無理があります。学習は思考そのものであり、ときに批判でもあるからです。

一方、動作や行動のレベル、範囲であれば、逆に「習慣」が有効に働く場面もあるでしょう。特に「職人的な技術の獲得」には、習慣化されたものの延長線上にある〝何か〟をつかむことが必要かもしれません。同じ作業を何度も繰り返し続けることで手に入る技術もあります。これがいわゆる「守・破・離」の「守」ですね。このあと習慣を超えて、自らの意図をもって動いていく「破」と「離」を経て、一人前になっていくのです。

習慣化の中で獲得された技術がとても重宝され役に立つ時代も、過去には確実にありました。たとえば「大量生産」というビジネスモデルの最盛期などには、「学習習慣」も確かに意味や価値があったはずです。ただしそれは学習を習慣にするのではなく、習慣を学習する、たとえば〝勤勉な〟習慣を身につける――という意味においてです。

しかし今日、「習慣の学習」を生かせる場面が確実に消え去りつつあります。産業の空洞化が起き、工場の海外移転などが進んでいます。また国内工場でもロボット化が進み、ひと昔前のような人間が担当する単純なライン作業はどんどん減ってきています。たとえばスーパーのレジ係の仕事にも、速さや正確さなどについての工夫はもちろんのこと、コミュニケーションにおいても工夫が求められる時代です（それにしても、スーパーのキャッシャーの列は、なぜ並んだところが他より〝進まない〟のでしょう）。ほぼ同じルーティンを日々繰り返すにしても、そこには工夫が必要。習慣でこなせる作業では決してないのです。

「30年後には、今ある仕事の50パーセント程度は存在しない」といわれる時代、これから生まれてくる仕事に対応するには、当然「学び家」の力を必要とします。ましてやその仕事をつくり出す人になるには「学び家」のベースとなるチカラ、創造力・想像力などが大きく影響します。公的な書類、たとえば学習指導要領にもいまだに「学習習慣」という言葉が残っているのは、摩訶不思議なことです。「なぜそんな記載が生き残っているのか？」と考えざるを得ません。やはりこの方向が〝若者の労働市場への参入をより厳しいものとしている〟などといわれる状況をつくっているのかと、疑っています。すべてにおいて今日以上に創意工夫が求められるような世の中が訪れる中で、気持ちも思考も動かさずに行うのが「習慣」

だからです。

「まずは、学習習慣を身につけてほしい。その上で意識的な学習が徐々に積みあがっていくはずだ」という「学習習慣神話」を、疑いを持たず多くの大人が信じているであろうことは、触れてきたとおりです。同時に、「学習習慣」を身につけることが「学び」の本質に近づけるルートなのかといえば、決してそうではないこともお話ししてきました。

結局、「学習習慣」というアプローチは本人に「学び」を残すこともありません。残るものはエンピツで汚れたノートだけ。それも〝漢字を機械的に50回書いた〟ようなものである可能性が高いわけです。

ところで、「学習」と似た言葉に「勉強」があるのですが、不思議と「勉強習慣」という言い方はしません。学習習慣という言葉の意味するところが、「勉強」だからなのでしょう。「学習」は本人の主体性を大切にしている言葉であるのに対し、「勉強」は誰かが決めたものに向かって強いて勉めていくという意を含む言葉です。「学習」と「勉強」を比較すると、この国では長く「勉強」が〝主役〟だったと思います。母親の小言も「もっと学習しなさい」ではなく「もっと勉強しなさい！」が相場でしたね。それを柔らかく表現したのが、「学習習慣を身につけさせる」ではないでしょうか。

今日では、学習指導要領に「学習習慣」と明示されています。「教わり家」を育てたい学校としては、思考停止状態につながる「学習習慣」を活用したいのは、ごく自然なことですね。疑問を持たずにニコニコただ座っている――。学校、国としては〝やりやすい〟のではないでしょうか。「××しましょう！」と言われたことをちゃんとできる子どもを育てる上では、学習習慣という言葉が扱いやすい得策なのだと思います。

あらためて『小学校学習指導要領』を眺めてみると、「個性を生かす教育の充実に努め～」と「児童の学習習慣が確立するよう配慮～」が同じ条文（第1章総則第1の1）の中に相前後して書かれているのです。「個性を生かす教育の充実に、学習習慣を活用」ということなのですが、果たしてどうやって〝同居〟させるのでしょう……。

思わず、こんな注釈をつけたくなってしまいます「※個性とは、国が示した子ども像、考え方に従順に対応できる能力を言う」。

この本のテーマである「学び家」は、「学習習慣」とは対極に位置すると考えています。「学び」の世界をどこまでも進んでいく原動力は、本人の意志の力だからです。

4 わが子を「学び家」にする方法

「朝ごはんを食べてこないどころか、近ごろでは歯磨きができない、顔も洗ってこないような子がとても多いのです」

小学校の先生が、ある日こんなことをこぼしていらっしゃいました。

日々そうした現場で奮闘されている方にしてみれば、ここまであまり〝肯定的〟にお伝えしてこなかった「習慣」についても、違う見方が当然あるでしょう。「せめて〝習慣〟を身につけてくれれば助かる」というのが、偽らざるところなのだと私も思います。

先ほども少し触れましたが「学習習慣」≠「習慣を学習する」ことができれば、将来社会へ出たときに、たとえば「〝勤勉な〟習慣を学習できている」ことによって得られる賃金もあるからです（ただし、どんどん減る傾向にあることは明らかですが)。

ただし、気をつけていただきたいのは、「学習習慣という固定的なものを身につけさえすれば良い」と思い込むこと。習慣は習慣であって結果との関連が出ない場合が多い。にもかかわらず、習慣化した学習ができるようになったのに、結果が悪いと怒られる。この繰り返しで子どもが「学習」を嫌いになってしまうことです。

「学習」を誤解し、習慣づけられる抵抗感から、本来の学ぶ楽しさに出会えなくなってしまう。「学習習慣」をつけるためだといってドリルや漢字練習を強制されれば、ワクワク感もなく、子どもの気持ちはどんどん学習から離れていってしまいます。「言われてやるのは、つまらない!」のは、当然の反応ですね。まして決められたことを「ちゃんと!」と強いられるのであれば……。

また、学習習慣の延長線上を進んで行けば、いつか本物の「学び」に到達できるのかといえば、残念ながら〝天才〟以外には不可能です。繰り返します。「習慣」は無思考、無批判が生み出すものであり、「学び」はこれとは正反対に思考であり、ときに批判であるからです。すなわち、両者はどこまで行っても〝平行線〟

で、決して交わることはありません。

習慣的にこなしていく学習では、学ぶこと自体の価値もわからなくなります。また、いったんこうした状態に陥ってしまうと、どこかでよほど良い出会いがない限り、主体的に「学ぶ」というスイッチが入りません。「学び家」への道から大きく逸れたままになってしまうのです。

この「学習習慣」というキーワードから見えてくる問題は、子どもだけの話では決してありません。私は、日本が輝きを失っている大きな原因のひとつが「学習習慣」に潜んでいるのではないかと考えています。

ここで言う「習慣」の対極にある言葉は「工夫」「革新」「驚き」「デザイン」だと私は考えています。とすると、まさにそれらが日本の、とりわけ〝メイド・イン・ジャパン〟の輝きを支えてきたのだと思うのです。

本年2014年現在、政権の座にある安倍総理は「輝く」というフレーズを好んで使われているようですが、私には「今、一瞬輝きたい」と言っているようにも聞こえてきます。実際は「輝き」が連なり続いていくことが日本には必要なのだと思っています。では、そのために意識的に変化させる必要があるものとは何か——。それが「習慣」ではなく「工夫」です。

比喩的な言い方になってしまいますが、「習慣」を燃料にして「一瞬の輝き」を誇示することはできるでしょう。しかしこれでは消費しているだけで、すぐに燃え尽きてしまいます。

たとえば、財政の危機的な状況をひとまずは棚に上げて、当面の景気浮揚のために大胆な財政出動を行うなどは、その一例といえるでしょう。借金（国債）を返すために借金（国債発行）を重ねる——など、一般家庭や民間企業ならとっくに「The End」になっているハズですね。

「輝きました。見てください！」。次の瞬間に「ごめんなさい。燃え尽きました」では、国民が路頭に迷ってしまいます。今日の日本の状況は、まさに集団レベルで「燃え尽きる」寸前と見ることができるのではないでしょうか。

先日、友人の中国人がこんなことを言っていました。

「日本はもう昔の輝きを失っている。同じ間違いを何度も繰り返している」

そうなんだよ、あらためて言われなくてもわかっているのだが……という気分で聞いていましたが、まさしく多くの皆さんが等しく感じていることだと思います。これも「学習習慣」を筆頭にあらゆることが習慣化、固定化してしまい、世の中がさまざまな工夫や柔軟性を失ってしまった結果ではないでしょうか。

では、わが子を「学習習慣」から解放し「学び家」に育てていくために、親としてできることは何でしょうか？　考えていただけるよう、この章の最後にいくつかのヒントをのせておきます。

ひと言で言えば、それは「お母さん（お父さん）ご自身が、学び家になる！」ことです。その上で、子どもとのかかわり合い方を考えていきましょう。

親が楽しく「学び家」でいれば、子どもも楽しく「学び家」になっていけるはず。反対に、親が「教わり家」であったら、子どもも「教わり家」。受け身で与えられる楽しみ、テレビやゲームに夢中になるのも当然です。

まずは、次の3つから始めてみてはいかがでしょうか？

【1】自分が楽しむ、自分で楽しむ

「楽しませてもらうのではなく、自分で楽しむ」。これを学び家になる最初のスタートにしてはいかがでしょう。

身のまわりを見渡すと「楽しませてあげますよ!」といっているようなものは、たくさんあります。まずは、これに気づきましょう。気を抜くと、うっかり誘惑にのせられ、「教わり家」への道を歩いているかもしれません。注意しましょう。

私は「私」というとても素晴らしい存在なのです。誰かに楽しませてもらって「楽しい」と思うのではなく、私が「私」としてできることを「楽しい」と思えたら、もうそこで「学び家」ですよね!

【2】ひとつの正解を求めない

正解はひとつではありません。いくつでもつくれます。

食事をつくったり、掃除をしたり、身のまわりのことで「完璧」を求めようとしていませんか? 「誰から見ても、どこから見ても大丈夫」という完璧を求めるということは、「ひとつの正解」を求めているということ。もっとゆったりと構えて、いろいろな工夫を繰り出していきましょう。完璧を求めることを覚えたら不確かな答えは書かない、だから無答が増える。それでは寂しいですよね。

これはもう、普段から実践されていると思います。忙しいときの「手抜き料理」も、それ自体が「思考」であり「学び」であるわけです。「時間がないからできない」ではなく「時間がない中でどうするか」を考えるのですから——。そのことに気づき、自分を認める視点を持ちましょう。

【3】ちょっとでも〝突飛なこと〟をやってみる

ときには「私って、こうやる人」という自分の枠から飛び出して、いつもはやらないことをやってみる。そこで「あなたって、面白いわね」と言われたらラッキーです。「面白い」と言われることは、実はなかなか楽しいこと——に、気づきましょう。

そして、これら【1】～【3】をチャンスを見つけて多様な場面でやり続けること。「自分が納得するまで止めない」こと。成功まで続ければ、失敗はないので

学び家ってどんな人？

学び家	教わり家
●探求する	●過去に照らして答えをつくる
●自ら学ぶ	●教えてもらう(受け身)
●たくさんの正解を見出す	●一つの正解を求める
●すべてのことを情報とする	●正解探しをする
●好奇心と探求心を大切にする	●効率性と再現性を求める
●仲間と共に	
●他者との協働をもとにする	●他者との競争を前提にする
	●競争したら勝ちたい
●未知と出会ったときに工夫する	●未知と出会ったときに想定外と感じてパニックになる
●「わからない」を楽しむ	●「わからない」が苦手
●あらゆることにポジティブ	
●突飛なこともやってみる	
●失敗をおそれない	●失敗しそうなことはやらない
●ふり返って学ぶ	●教わったことが理解できてから次を教わろうとする(積み上げ式)
●挑戦し続ける	

す！

ここで取り上げた〝オススメ〟の3つ以外でも、もちろんOK。「学び家・教わり家」の一覧表（19ページに大きなものもあります）を見て、自由に決めて始めてみましょう！　また、「なぜ3つなの？」と疑問が湧いたら、ぜひ誰かと話し合って（おしゃべりして）みてください。そんな疑問を感じること自体が「学び家」への道を歩み始めた〝証《あかし》〟なのです。

おわりに――「学び家」が切り拓く未来

「国連持続可能な開発のための教育の10年」が2014年末に終了します。もともと日本が提唱し採択された持続可能な発展のための教育（ESD＝Education for Sustainable Development）というこのユネスコを中心としたプロジェクトでは、この10年余り、さまざまな分野の方とご一緒させていただき、とても大きな刺激を受けました。

私自身、もともと心理学や教育学を学び、その後、体験型のグループワーク、ワークショップ、環境教育、冒険教育などに参加し学んできた流れからは、この「国連持続可能な開発のための教育の10年」に深くコミットすることは、いわば当然のこと。だからSD（持続可能な発展）につながる「E（学び）」を実践していきたい。毎年毎年、出会う子ども達一人ひとりが、まさしく〝地球の未来〟そのものであることを思えば、人類の持続可能な発展について考え、社会に対して何らかの働きかけを続けることは、日能研の本筋であり、大げさな聞こえ方でしょうが、社会変革という教育の中心課題なのだと思います。

では、今の日本にとって、その持続可能な発展には何が必要なのでしょう。いろいろな見方があると思いますが、私が〝いの一番〟にあげたいのは、この国の教育システムによって大量に送り出される「教わり家」(本人たちがそう思っているのかは不明ですが)たちが「学び家」に変わっていくことです。PISA(OECD生徒の学習到達度調査)やTIMSS(国際数学・理科教育調査)などのアンケート調査の国際比較を見て、似たような思いをお持ちの方は多いでしょう。

この本では、それこそ手を替え品を替え、「教わり家」ではなく「学び家」への道を進むことをオススメしてきました。これは言うまでもなく、私たち人類の未来を左右するターニングポイントだと信じるからです。

地球温暖化をはじめとする地球規模の環境問題、食糧不足や資源の枯渇、生物多様性の減少、その一方で起きる爆発的な地球人口の増加……。国内に目を転じればいまだ「コントロールにはほど遠い」原発事故への対応など、私たちの文明がつくってきた「持続〝不可能〟」な要素ばかりが目につきます。

このままでは、人類の未来が危ういことは誰の目にも明らかなはずなのに、なぜ「良い方向」へ変わらないのだろう――。こう感じているのは、私だけではないでしょう。「変わらない」のは、「変わらないほうが都合がいい」人たちがたくさんいるからでは……? それを〝からくり〟だと気づき始めている方も少なくないと思います。

この国の中だけを見ても、「変わらない」のはなぜか。それは言うまでもなく「変えようとしていない」(本当に変え方を知っているのでしょうか?)人たちがこの国の意思決定をし、国の仕組みを牛耳っているからでしょう。

こうした現状を一気に変えていくことは、それが人類の未来を切り拓く真っ当な道だとわかっていても、簡単にできるものではありません。

私の視点で変えていくための手がかりを見出すとすれば、現状を変えようとしていない人たちの多くが、この本でご紹介してきた「教わり家」。それも、優秀な〝筋金入り〟の「教わり家」だった――という点です。

「教わり家」が好むのは「安定」、重視するのは「前例」「上司の指示」。こんな特徴を持つ皆さんですから「現状を変革し、新たなものを生み出す」よりも、「現状を維持し、平穏に過ごせる日々をつくる」、そのために「自分と仲間たちの既得権益を守る」。そのことが、先輩を大切にし、自分も、後輩も守ることになる。いやはや、実に手ごわい環境です。

そして、こういった状況を変えていけるとすれば、「不安定を恐れず、その中から何かを発見していくチャンスにする」「仲間と共に、学び続ける」「自ら切り拓く」人たち。まさにそれが「学び家」なのだと私は思います。

では、社会を良い方向へ変えていく可能性を持った「学び家」が育つために必要なこととは何か。最後に2つ、ご提案しておきます。

ひとつは、「教わり家」を大量生産する「学習習慣」という〝幻想〟に振り回されないことです。「習慣」とは、考えずに行うこと。「学習」とは、考えることそのもの。もともとこの2つは、いわば「水と油」の関係です。「まずは、学習習慣をつけて！」という〝魅惑のフレーズ〟が、世の中では今後ますます増えていくことでしょう。「学習習慣」という文字を見かけた際には、「でも、それって〝教わり家〟の養成メニューでしょ？」と、心の片隅でアラーム音がなるようにしておきましょう。

もうひとつは、この本をお読みのお母さん、お父さんたちに「学び家」になっていただくことです。最後の章では「学び家」になるための具体的な方法をご紹介しました。無理のない範囲で（無理は結局長続きしません！）、でも、ひとつ、ふたつ、具体的に暮らしに取り入れてみてはいかがでしょう。

人類の未来をつくる「学び家」のタマゴが、あなたの側で電子ゲームで楽しみをもらっていませんか？　もしもそうなら、自らが楽しみをつくる「先輩・学び家」としての〝背中〟を見せてあげてください。

　この本を書くきっかけをつくってくれたのは、これまで共に学びの場にいた子ども達です。よく「最近の子どもは変わった」という話を耳にしますが、子ども自身が変わったとは私は思いません。子どもは子ども、今も昔もずっと子どもです。しかし、学び方や学習観が自ら探究する方向と処理解決を優先する方向に二極化していることは感じます。
「この子すごいな、学び家だな」「この子はどうしたら教わり家から抜け出せるかな、どうにかならないかな」——私に刺激をくれ、真剣に付き合ってくれた一人ひとりの子ども達に心から感謝しています。そして、その環境をつくるために共にあった日能研の仲間たち、読み手に伝わる文章づくりを通してお世話になった赤羽博之さん、この本が形になるためにお手伝いくださったすべての方に感謝を。

２０１４年９月

高木幹夫

高木幹夫（たかぎ・みきお）

1954年、横浜市生まれ。小学生のための学習塾「日能研」代表。子どもの進学後の成長を考え、「課題を見つけ、解決する力」を伸ばす学びを目指す。2005年より「親業訓練協会」会長として親と子、教師と生徒等の人間関係を作るコミュニュケーション方法の普及に力を入れる。またＮＰＯ法人「体験学習研究会」を通じて学校における「体験学習」の効果的な活用への働きかけに努めている。

【主な役職・資格】
親業訓練協会会長、ＮＰＯ法人体験学習研究会理事、学校法人明星学苑評議員、公益財団法人日本アウトワード・バウンド協会理事、公益社団法人ガールスカウト日本連盟評議員、ＧＥＭＳ運営委員、ＰＡＪ（Project Adventure Japan）エグゼクティブディレクター、一般社団法人ＲＱ災害教育センター理事、ＮＰＯ法人日本エコツーリズムセンター理事、ＮＰＯ法人日本バイオダイナミック協会理事、ジュニア防災検定評議員、神奈川県警察官友の会副会長、港北警察官友の会会長、ＵＣＬＡファウンデーション理事、日本エキスパートセキュリティ代表取締役
日本教育カウンセラー協会認定教育カウンセラー、ＭＦＡ（Medic First Aid）インストラクター

【著書・訳書】
著書「自分の子どもは自分で守れ」講談社文庫、「問題は、解いてはいけない。」サンマーク出版、「予習という病」講談社現代新書
訳書「ねえ、聞いて…。子どもたちの小さな詩」みくに出版

日能研ホームページ　http://www.nichinoken.co.jp/

「学び家」で行こう　学習習慣、その幻想から抜け出す

2014年10月20日　初版発行

著　者　高木幹夫
発行人　安　修平
発　行　株式会社みくに出版
〒150-0021東京都渋谷区恵比寿西2-3-14
電話03-3770-6930　FAX.03-3770-6931
http://www.mikuni-webshop.com/
印刷・製本　サンエー印刷
http://www.suna.co.jp/
ISBN978-4-8403-0570-9　C0037